Leonard Cirlan
Pensieri su carta
Lettere riflessioni storie

Smetterai di mancarmi

"Smetterai di mancarmi prima o poi, e sarò felice e non crederai ai tuoi occhi quando mi vedrai stare bene anche senza te" pensavo tra me e me subito dopo averti vista andare via.

Dicevi sempre "se me ne vado fai una brutta fine" e forse l'ho fatta in parte, ho consumato le mie giornate a pensarti, a stare male bevendo e fumando, ho fatto scelte sbagliate, la guerra con tutti e con me stesso, ho avuto troppe ansie e paranoie e paura venute a galla ma i pianti mai visti perché la forza per piangere chi l'ha avuta? Sicuramente non io. Freddo, impassibile e menefreghista, ho passato in questo modo i primi nove mesi dopo il tuo "vado via" ma dentro vorrei dirti quanta stanchezza e sconsolazione ho avuto, non capiresti.

Tu non hai mai capito il mio stato d'animo e ogni sfogo lo hai fatto passare per una lamentela.

Dicevo sempre "non mi capisci" e replicavi "vaffanculo, io non capisco mai vero?" e davamo vita ad un litigio, l'ennesimo dei tanti nei quali le parole diventavano pesanti quanto insopportabili: una guerra.

Una guerra nella quale dovevo capire te ma se provavo a dirti "perché non mi comprendi?" iniziavi sbuffare e lo prendevi come un buon pretesto per scannarci, a parole.

Volevo concludere col ringraziarti per essere andata via perché mi facevi male e in quel periodo, accecato dal

troppo amore, non sapevo distinguere quello malato dal sano.
Nonostante tutto ti auguro il meglio, stammi bene.

***Ora con chi fumi
le tue Chesterfield?***

La notte dormo poco

La notte dormo poco, qualche ora e queste si contano sulle dita di una mano escludendo mignolo e anulare ovviamente. Colpa dei troppi pensieri ad affollare la mente e tra una sigaretta e l'altra, Marlboro rosse vorrei specificare, perdo lo sguardo nel vuoto e chiedo a non so chi: "dove si trova il mio sonno stanotte? E le notti prima invece?" e poi salto da un pensiero all'altro, da una bottiglia d'acqua calda all'altra.

Penso che pensare nuoce gravemente alla felicità, altroché sigarette. Forse dovrei farlo il meno possibile, non penso a cose felici anche perché a dirla tutta è da qualche anno che la felicità non la vedo nemmeno con il binocolo.

Vorrei solo stare bene e dormire di più, tutto qui. Ciao.

Hai un difetto: tieni tutto dentro

Hai un difetto: tieni tutto dentro. E colmi le mancanze bevendo e fumando mentre lasci i vuoti invadano te stessa. Senti dire spesso "sei un disastro" e t'impunti e vai a bere e fai un casino che tanto di casini sei già piena, uno in più o in meno non cambia niente. E urli, sbotti, esplodi. E te ne freghi di tutti, te compresa. E mandi a quel paese le persone intorno, vai alla deriva e cosa ti fa bene non lo sai ma quel che ti fa male sì. E piangi e ridi, chi capisce come sei deve essere davvero bravo siccome nemmeno tu sei ancora stata in grado di capirti. E distruggi e distruggono te e crolli e senti le forze abbandonarti, vorresti rialzarti senza più cadere ma cadi continuamente quando provi a farlo che per un motivo o un altro sprofondi sempre. E cerchi una casa dove sentirti a casa perché non senti di averne nemmeno mezza. E cerchi risposte nei bicchieri del sabato sera e nelle sigarette ma trovi solo un mal di testa atroce la mattina dopo e un viso consumato. Continui a consumarti per gli altri ma per te chi si consuma? Sei buona con chiunque ma con te chi lo è? E sarai anche un disastro come dicono ma metti il cuore in ogni gesto e questo nessuno lo nota perché sono tutti indaffarati a notare solo i tuoi difetti.
E così finisci per annegare nei giudizi delle persone anche se fingi non ti sfiorino quando addirittura ti toccano.

Come stai?

A questo punto del libro voglio chiederti "come stai?" e potrei mettere un punto gigantesco e concludere così questa pagina, con quella dannata domanda. Preferisco di no però. Voglio approfondire questo discorso e riempire come si deve questo foglio.

Quante volte passi il tuo tempo a chiederti come stai? Magari nel bel mezzo della notte quando non riesci a dormire perché il sonno è andato chissà dove e così decidi di alzarti dal letto per andare sul balcone, in sala, cucina o magari alla finestra ad accenderti una buona sigaretta. Magari mentre stai ascoltando una canzone dopo aver messo in play una playlist casuale di Spotify, Amazon music e via dicendo. Magari sotto la doccia, lì a volte si fanno tante domande a noi stessi, si hanno eccessivi pensieri e le risposte sono pari a zero o qualcosa di simile, al massimo ne trovi una se tutto va bene. Magari lo fai mentre bevi il caffè, prepari la colazione, mentre pranzi o ceni. Qualche volta durante la giornata ti capita, ne sono quasi certo, quasi sicuro. Spero la risposta sia positiva e se così non fosse voglio darti qualche indicazione o motivo per dire "sto bene". Iniziamo da te prima di tutto, tu sei un motivo se non il principale e devi comprenderlo in un modo o un altro. Hai valore, lo sai vero? E non devi screditarlo come non è giusto screditare la tua persona, chiaro?

Facciamo che con i motivi possiamo fermarci qui, basti tu come motivazione valida per stare bene o meno male. E capisco, comprendo perfettamente i tuoi sbalzi d'umore, ne ho tantissimi anche io, siamo sulla stessa barca. Questo però non deve essere una giustificazione per stare perennemente male, assolutamente no. E capisco anche i momenti o periodi negativi, tutti li hanno anche se magari preferiscono non darlo a vedere. Però per tua fortuna nemmeno quest'ultimi possono essere una giustificazione al tuo stare sempre male.

E poi scusami, è piacevole stare continuamente con il morale a pezzi? Sicuramente dirai di no e continuerai dicendo "anche se non lo è, vallo a dire alle persone quando ogni giorno fanno del loro meglio per farmi soffrire" e qui potrei mettere il punto gigantesco del quale parlavo all'inizio ma no, non lo farò perché devo e voglio aiutarti a stare bene almeno per qualche minuto.

Devi essere forte, è difficile e ne sono a conoscenza ma quella parola non è sinonimo di impossibilità, ok?

E puoi essere forte anche con le tue fragilità, sicuramente lo sai e non devo spiegartelo io.

Devi essere forte però, ripeto. Se vuoi stare bene o meno male non hai molte altre scelte se non la forza e questa la acquisisci crollando più e più volte o magari grazie a qualcuno più forte di te. E non vergognarti, non provare vergogna nell'essere fragile più di chi ti sta intorno perché esserlo non fa così schifo come pensi, lo sono anche io, cosa credevi?

Sii forte allo stesso tempo e vivi e goditi di più la vita anche se questa ti fa qualche torto.

È solo così, a parere mio, che potrai stare bene più spesso e male un po' meno.

Lune storte

Invasa dalle lune storte mentre lasci i pensieri prendano vita nella mente anche se li odi tanto da voler smettere di pensare a volte, anche perché spesso senti il bisogno di staccare e scappare lontano senza dare spiegazioni a tutti, andare al mare o in un posto dove sentirti apposto con te stessa e con le persone intorno e con i sentimenti e le emozioni e i vestiti indossati e il trucco messo con cura sul tuo viso.

Stressata. Nervosa. Incazzata con il mondo intero e soprattutto con la vita perché di torti solo tu sai quanti te ne ha fatti, e di regali meno, decisamente direi.

E ce l'hai con le sigarette quando non diminuiscono il nervosismo e con i bicchieri svuotati quando al posto di farti dimenticare ogni cosa brutta, ti fanno dimenticare solo di te.

E queste lune storte non aiutano ma peggiorano il tuo stato rendendoti ancor più irritabile come se non lo fossi già.

E queste notti in cui resti sveglia perché il sonno scappa via non aiutano nemmeno.

E sei confusa e lasci ti confondano e un po' sei anche tu a confonderti quando pensi di sapere ciò che vuoi e poi finisci per non saperlo più.

Che gran figlio di puttana!

"Che gran figlio di puttana!" continuava a ripetere la mia ex mentre stavamo in macchina a fumare delle sigarette del cazzo. "Ti piace definirmi così?" le dissi.

"Sì perché è ciò che sei!"

"Hai ragione," le dissi, "sono un gran figlio di puttana."

"Ti sei sentito con qualcuna?"

"Qualche ragazza bastarda come te."

"Da uno stronzo cosa potevo aspettarmi?"

"Niente, i figli di puttana come me sono così no? Mi sono divertito con loro, qualche scopata, scopavano meglio di te sai?"

"Vedi? Sei un pezzo di merda!"

"Lo sono, andiamo a bere una birra? Su con la vita!"

"Su con la vita? Preferisco tu stia zitto sennò ti arriva qualche schiaffo ok? Andiamo."

"Me li meriterei, alcuni schiaffi tuoi valgono più di una scopata con un'altra che non è te."

Arrivati al bar ci sedemmo al bancone e con un sorrisino da bastardo soddisfatto dissi al barista "portaci due birre fresche campione!"

"Subito capo! Come stai?"

"Si tira avanti, credo."

"Sta bene il figlio di puttana!" disse la mia ex.

"Giornata storta signorina?"

"Chiedilo al bastardo."

"Lei ha sempre giornate storte e a quanto pare la colpa è mia, a detta sua." dissi al barista conosciuto qualche anno fa.

"Sì, è solo colpa tua se non stiamo più insieme."

"Ricominci?" con il solito sorrisino sulle labbra replicai: "Ora siamo qui insieme stronza!"

Paff!, lo schiaffo tanto atteso è arrivato.

"Ora come stai figlio di puttana?" mi chiese.

"Adesso benissimo," dissi ridendo.

"Che hai da ridere?"

"No niente, sei più bella del solito quando fai così sai?"

"Oltre ad essere stronzo pure ruffiano. Figlio di puttana che non sei altro!"

Quella sera fu tutto un "figlio di puttana" ma come biasimarla, me lo meritavo dopo essere andato via senza darle spiegazioni ma puntualmente tornavo da lei: un gran bastardo fottuto da una donna classe 98' innamorato ma senza la voglia di tornare a stare insieme.

Quella sera le birre diventarono tre a testa e gli insulti continuarono: troppo arrabbiata con me ma allo stesso tempo innamorata.

Iniziammo a litigare pesantemente e il barista nonché mio amico ci buttò fuori a calci nel culo, letteralmente; come ogni volta quando andavamo da lui.

Scopammo, ci divertimmo e me andai, che gran figlio di puttana!

Passarono due settimane e mi richiamò.

"Ti va qualche birra?" disse al telefono.

"Perché continui a cercarmi?"

"Lo sai che ti amo."

"Anche io, sono un grande bastardo ma lo sai, anche io. Noi non siamo fatti per stare insieme però. Ci scanniamo a parole, sempre."

"Ti ho chiesto se ti vanno delle birre, non di tornare con te, figlio di puttana!"

"Di nuovo? Ti stancherai di ripeterlo prima o poi?"

"Ascolta, queste birre? Sono incazzata questa sera, cosa facciamo?"

"Cosa succede? Comunque sì, vediamoci davanti al bar del mio amico."

"Poi ti spiego, a dopo stronzo, ti amo!"

"Anche io bastarda!"

Misi una camicia stravagante, multicolore per intenderci, maniche corte, dei jeans blu scuro e le vans, mie amatissime vans. Un po' di profumo sul collo e sui vestiti, il suo preferito.

Presi le chiavi di casa, sigarette: Marlboro rosse.

Strade deserte, d'agosto non c'è da pretendere la folla e mi andava bene così, tanto la odiavo.

Accesi una Marlboro e arrivai di fronte al bar – dove avevamo preso calci in culo io e lei – ma l'ombra di lei nemmeno a vedersi quando tutto d'un tratto arrivò.

Vestito corto, nero, tacchi, capelli legati, rossetto e quel neo sulla guancia sinistra proprio sotto l'occhio, bellissima.

"Ciao bastardone, cos'è questa camicia? Stai forse impazzendo?" mi disse sorridendo.

"Probabilmente sì, non è il mio genere e lo sai!" le dissi ridendo come un coglione, ero colpito dalla sua bellezza, la baciai.

"Cosa stai facendo? Brutto stronzo, perché mi hai baciata?" chiese stupita.

"Non lo so, sei irresistibile questa sera!"

"Ti amo, stronzo."

"Anche io, smettiamola di dirlo, per favore."

"Ti fa effetto sì?" disse morendosi il labbro inferiore.

"Andiamo a bere" le risposi.

Andammo in un bar, uno diverso, non volevo il mio amico si mettesse a prenderci a calci in culo ancora una volta anche se la situazione tra noi sembrava essere tranquilla, insolito.

Bevemmo non tre ma cinque birre a testa, ubriachi marci. Andammo da lei, fumammo qualche sigaretta, poi una canna, poi il sesso o amore, come preferisci definirlo tu insomma. Gran bella scopata! Il suo corpo era poesia per gli occhi, quelle curve ben definite e morbide, poesia ripeto. Sapevo però sarebbe stata l'ultima che l'avrei vista, scelta mia. Non volevo consumarla, lo stavo già facendo, lo stavamo facendo entrambi, non era giusto per nessuno dei due, tu non credi?

Ore 3:55, post scopata, una sigaretta a testa, la mano tra i suoi capelli ondulati.

"Come stai?" le dissi, "Bene?".

"Lo sai brutto bastardo, sto bene con te." mi pianse il cuore, sapevo sarei andato via per sempre e sentirla dire una frase del genere mi ha colpito, tanto.

"Anche io sto bene insieme a te"

"Perché non torniamo ad essere felici allora?"

"No! Smetti! Noi non siamo fatti per stare divinamente a lungo termine, lo sai. Poi litighiamo, ci facciamo male, ci distruggiamo."

"È vero, purtroppo." e iniziò a piangere.

"Piccola, no, non farlo, per favore."

"Dimmi cosa dovrei fare! Sono innamorato di un gran figlio di puttana come te perché nonostante tutto hai cuore, un'anima immensa e lo so quanto tieni a me!"

"Hai ragione, però non farlo, non piangere! Io voglio il meglio per te, devi trovare qualcuno disposto a starti accanto per tanto tempo, capisci?"

"Capisco" disse a voce bassa dandomi un bacio sulle labbra, le asciugai le lacrime con una mano, la strinsi forte al mio petto e si addormentò.

La mattina dopo mi svegliai prima di lei, la baciai sulla fronte e per dieci minuti se non venti restai fermo a guardarla, bellissima, cazzo. Scrissi una lettera con questo finale:

"Probabilmente mi odierai ma non tornerò, magari nemmeno capirai la mia scelta ma sappi che ti auguro il meglio perché come ho detto questa notte: lo meriti. Sii felice, amati e ama, lasciati amare. Berrò qualche birra in tuo onore e brinderò alla tua felicità. Ti amo stronza, chiaro?" e me ne andai, questa volta per sempre. Non ebbi più sue notizie.

Spero sia davvero felice.

A volte mi pensi?

Mi chiedo se a volte continui a pensarmi o se hai smesso di farlo, probabilmente dovrei fregarmene, sì dovrei. Non ci riesco. Strano, è passato più di un anno da quando sei andata via. "Aaah che merda!" continuo a ripetere a me stesso quando la notte il sonno preferisce andare altrove lasciandomi in balia dei tanti, troppi pensieri, e riguardano perlopiù te. Bello vero? Sì, meraviglioso. Sono le 3:12 e non dormo ma sudo, odio il caldo. Mi innervosisce di più. Mi irrita. Mi infastidisce tanto quanto pensarti, sicuramente tu hai smesso di farlo, sarai con chissà quale stronzo a farti la tua bella vita mentre io me ne sto qui sul balcone a fumare sigarette, bere birre e scrivere questo dannato libro che non so quando uscirà né se avrò il coraggio di farlo uscire. Sì, dovrei fare la mia vita anch'io e forse la faccio, togliamo quel forse. Ma questo non è servito a nulla, non a dimenticarti.

Vorrei non fosse finita così, vorrei non fosse finita mai. Sì ma con questi "Vorrei" dove si va se non a farsi fottere? Ecco io sto andando lì: a farmi fottere.

Che fai vieni con me? Faccio ridere l'umanità, adesso inizio anche a parlare con te come fossi qui, dannazione! Anche i polli riderebbero se sapessero come si fa. Magari lo sanno, lo sanno? Ora inizio a scrivere di questi polli, inizio a pensare a loro. Fatti al forno con delle buone patate, magari in umido, alla cacciatora. Sono buoni, davvero tanto. Forse domani andrò al supermercato e ne comprerò uno, non vivo ovviamente: da cucinare. Accompagnato dalle patate oppure da delle zucchine. Sì, farò così!

Ora sto pensando a quanto chi leggerà queste pagine penserà una cosa soltanto: è impazzito, parla dei polli. E riderà. O proverà pietà per me. Non lo so. Sappi solo, sì dico a te che stai leggendo, domani andrò a comprare quel fottuto pollo e lo mangerò. E riderò anche io: per essere impazzito a causa di una ragazza. E berrò qualche sorso di birra ogni due o tre morsi dato al pollo. E riempirò la mia pancia. Fumerò una sigaretta subito dopo aver mangiato e penserò a quanto odio i polli: da vivi. Una volta uno di loro ha deciso di inseguirmi per beccare le mie gambe, spero di mangiarmi proprio lui.

Intanto passo la notte sul balcone tra il pensiero di un buon pollo e i pensieri di una stronza che ho amato tanto.

Intanto continuo a chiedermi se a volte mi pensi o se hai smesso di farlo.

Virginia!

Virginia, la ragazza più bella dopo la mia ex. Non l'ho mai vista di persona sinceramente ma spero con questo libro di racimolare qualche soldo per andare a trovarla in Sicilia, sì abita lì. Io in Toscana. Ho sempre odiato la distanza per un motivo: Non poter passare del tempo dal vivo con quella persona. Non poterlo fare quando più si preferisce. Torniamo a lei però!

Virginia, dalle guance rosse perché sì, le sue lo sono perennemente, capelli ondulati, piccolo nasino, occhi marroni e devo aggiungere spettacolari quando le sue pupille si dilatano, poesia. Labbro inferiore lacerato perché spesso ha questa mania nel morderlo e a me piace, sia che lo morda sia che rimanga quella minuscola lacerazione, un qualcosa che la rende unica per me. "Alta" 155 cm, spesso la chiamo "nanetta da giardino" perché amo stuzzicarla, se la prende giusto un po', sta al gioco. Corpo bellissimo, non pieno di nei ma ce ne stanno alcuni e sono davvero stupendi! Schiena unica quando la inarca, gran seno, in senso letterale; bel culo e delle cosce spaventosamente splendide, poesia ripeto. Un'opera d'arte vivente ai miei occhi maledettamente innamorati di lei.

Sarà una cotta passeggera ripeto a me stesso ma ho quella perenne paura che non sia così. Ho paura sia qualcosa di più e questo aumenta le insicurezze perché è davvero distante, ci separa un mare e tante colline e pianure e montagne e strade e una miriade di paesaggi. Non poterla toccare mi uccide. Vengo lacerato dalla fottuta distanza di merda! Non poterla stringere al mio petto, passare le mani sui suoi capelli, sulle sue guance, sui fianchi, lungo la schiena! Non poterla portare a pranzo o a cena fuori, ai concerti, ai musei, al cinema, in qualche città, al teatro, alle giostre, a prendere un gelato, a bere delle birre, a fumare delle buone e dannate sigarette! Non poterla vedere ridere di persona, baciarla, coccolarla, accarezzarla! Non poter fare tutte queste cose mi sta ammazzando, mi sta consumando giorno dopo giorno! Sono piccole cose dirai tu e hai ragione ma sai, sono belle. Sarebbero bellissime da condividere con la nanetta da giardino!

Sicilia lei. Toscana io. Innamorato io. Lei non so. Che casino! Siano maledetti i miei sentimenti! Sia maledetto me stesso che deve sempre complicarsi l'esistenza! Torno a bere e fumare, sarà una cotta passeggera dai!

Virginia, mi manchi.

Cammino per la strade della città con una sigaretta tra le labbra e mille pensieri per la testa e una canzone nel cuffiette a farmi compagnia, sono molto stanco. Non fisicamente ma mentalmente. Sento la testa esplodere perché dentro c'è la mia mente che ha scelto di fare i capricci. Dannazione, proprio stasera che stava andando tutto bene ed ero spensierato insieme ai miei amici, cambiatemi la mente per favore. Cambiate me, sostituitemi con un'altra persona meno pensierosa, meno paranoica, meno sentimentalista e innamorata. Le situazioni, colpa loro, è tutto così complicato, lo sono io. Ho perso la testa per una ragazza, quella che ti dicevo nelle due pagine precedenti: Virginia. Sì proprio lei, cazzo. Mi manca tantissimo, vorrei dirglielo. Forse dovrei farlo ma no, non lo faccio. È fuori con i suoi amici, si sta divertendo e sono felice di ciò perché so quanto le fa bene svagarsi. Non è questo il punto né il problema. Il problema sono io, a me manca davvero troppo ma non solo adesso. Chiaro no? Praticamente sempre. Vorrei vederla anche cinque minuti, giuro che mi basterebbero. Sono certo che mi comprendi, anche a te sarà capitato di sentire la mancanza di qualcuno e volerlo lì accanto no? Ecco, la stessa cosa vale per me in questo momento. E sto scrivendo da schifo e lo sto facendo qui dentro il libro, che orrore! Scusami, mi dispiace se il discorso è poco fluido, ti chiedo davvero scusa caro lettore ma voglio le emozioni siano forti, struggenti, belle e meno belle. A me interessa trasmetterti qualcosa, qualsiasi sensazione essa sia. Tutto qui. Torniamo a me però, un po' anche a te che hai vissuto o stai vivendo un periodo simile nella tua vita.

Dicevo che a me manca, troppo. Sento quella voglia di averla tra le mie braccia, che palle! Magari lei nemmeno vorrebbe, forse mi manderebbe a farmi fottere ma preferisco immaginare una scena diversa dove poggia la testa sul mio petto.

La fantasia, quella non manca e mai mancherà ma vorrei fosse reale, non solo immaginazione! Vorrei baciarla, passare le labbra sul suo labbro inferiore lacerato dai morsi che si dà. Vorrei fumare una sigaretta con lei e guardare l'alba insieme e non solo tramite messaggio quando alle 5:30 ci scambiamo le foto delle albe che stiamo guardando. Che poi è la stessa ma in due regioni diverse, in due città dannatamente distanti anche se sulla cartina sembrano dieci passi camminando con le dita di una mano. Credo di star impazzendo e nemmeno le sigarette possono salvarmi ora come ora né una buona birra fresca che se la bevessi m'arrabbierei perché non posso condividerla con la nanetta da giardino! Ormai ti starai stancando di sentirla nominare da quattro pagine a questa parte, però spero di no. Voglio ricordarla in questo libro. Voglio farti capire che per me è una parte importante della vita, di questo dannato periodo. Anche tu sicuramente hai o hai avuto una persona della quale non riuscivi a smettere perché ti faceva stare bene o ti mancava in maniera spropositata. Ecco, questo sta accadendo a me ora. Comprendimi e andiamo oltre.

Magari fermiamoci qui, forse è meglio. Sono certo che hai capito quanto importanza ha per me la piccola Virginia.

Certe mancanze ti uccidono,
altre invece ti rafforzano,
altre ancora ti rafforzano
e ti uccidono contemporaneamente.
Tu quale mancanza stai vivendo?

Ti capita mai?

Ti capita mai di non dormire la notte a causa dei tanti pensieri? E alzarti dal letto per andare a pisciare o bere dell'acqua fresca presa dal frigo perché quella accanto al letto ormai è troppo calda, poi accendere una sigaretta e sgranocchiare qualche stronzata mentre il cervello frulla e tu un po' te ne fotti ma non abbastanza da addormentarti, ti capita?

Ti capita mai di voler scappare lontano senza dare spiegazioni a chi ti circonda? E non poterlo fare perché non hai il tempo, i soldi necessari e altre cose simili e allora l'unica cosa che puoi fare è quella di uscire di casa e girare per la città oppure per andare a correre o per isolarti dal mondo intero ma all'aria aperta perché in casa ti senti soffocare, ti capita?

Ti capita mai di avere voglia di pizza? E ordinarla e aspettare almeno mezz'ora prima che arrivi a casa e per giunta la ritrovi sottosopra perché il fattorino andava veloce e tra la velocità e le buche ecco a te una bella pizza del cazzo, e avevi lasciato pure la mancia! E t'impunti e ti passa la voglia di tutto, pure di mangiarti quella pizza lì che sembra essere più un mostro ma la mangi, hai speso undici euro tra pizza, coca e mancia, cosa fai non la mandi giù?

Ti capita mai di voler tornare indietro nel tempo? E ovviamente non poterlo fare, e stare male e fumare e bere e magari anche piangere che vorresti farlo, vorresti rimediare ai tuoi errori o avere a disposizione altro tempo da passare con determinare persone, ti capita?

Ti capita mai di evitare le persone perché vuoi stare da solo? E mandarle a farsi fottere e vederle stupite o magari sentir dire loro "Quale problema lo affligge?" e fregartene perché dare peso a queste frasi non fa per te, perlomeno non oggi che hai voglia solo di stare per i fatto tuoi, ti capita?

*Ciò che capita
non è mai per caso,
o almeno io preferisco
pensarla così.
Tu come la pensi?*

La distanza

La distanza, brutta eh? Davvero balorda, non si scherza con questa bestia. La odio profondamente. È straziante e assurdo quanto sia forte, dannatamente potente. Spesso penso di ucciderla quando si tratta di innamorarmi e puntualmente è sempre lei ad uccidere me. E adesso sono innamorato di una ragazza, la fatidica e cara amata Virginia. E credo di stare per crollare. Sto sprofondando. Vorrei vederla. Parlarle non mi basta più. Vorrei abbracciarla. Lo sai, ormai lo sai quanto mi manca, sono stato spesso ripetitivo a riguardo, tanto da diventare noioso ai tuoi occhi probabilmente. Ora ti parlerò di un altro tipo di distanza perciò. Anzi non lo farò, non mi va. Torno a fumare e bere qualche birra, forse ne parlerò qualche pagina più in là.

Stai cercando di buttarmi giù
bestia bastarda ma non vincerai.
Non stavolta, no!

Vuoi essere felice!

Vuoi essere felice, chi non lo vuole? Tutti così come vogliono avere tanti soldi per vivere bene e raggiungere la felicità o il stare meno male ma in un bel posto dove godersi la propria infelicità se così si vuol definire. Ma tu vuoi essere felice, supponiamo ciò, facciamo finta di esserne certi, io lo sono anche senza dover fingere. E allora fai di tutto no? Spero tu faccia davvero del tuo meglio per raggiungere il traguardo che non riguarda solamente l'essere felice ma anche spensierato fino a sentirti libero. Indipendenza in poche parole, anche questa aiuta l'apertura delle porte della libertà, sono sicuro che ne sei consapevole, hai la tua testa e sicuramente la stai usando! Voglio farti i miei complimenti per questo, sai non è da tutti! Ma non perdiamoci in chiacchiere anche se vorrei farlo perché parlare con te che stai leggendo mi incuriosisce ed è interessante.

Vuoi essere felice, sì. Stai davvero dando il massimo per questo obiettivo che ti poni quasi ogni giorno? Veramente stai combattendo per la tua spensieratezza? Per l'indipendenza? Non devi rispondere a me, purtroppo non posso ascoltarti ma a me basta sapere che le risposte le stai dando a te stesso. Adesso supponiamo di aver detto a tutte quante un bel fottuto e meraviglioso "Sì!" e fino a qui tutto bene, il problema viene ora. Non sta funzionando niente di quello che stai facendo. Un po' a causa tua e un po' a causa degli altri quando non ti comprendono o preferiscono fingere di non sentirti. Brutta cosa, vero? Tranquillo, ne so qualcosa purtroppo o per fortuna. È una merda, oh sì! Una gran bella merda sopra altra merda! Una montagna di merda! Vuoi essere felice, già. Vuoi esserlo da solo o per meglio dire vuoi riuscirci grazie a te stesso ma no, non funziona così e in breve ti spiego il motivo e poi ti abbandono. Non può funzionare in questa maniera perché sì i tuoi sogni realizzati o le palate di soldi riescono a renderti felice ed è normale ma hai bisogno di qualcuno accanto con cui condividere questa maledetta felicità, alla lunga se sarai solo non basteranno né sogni né soldi né altro per esserlo! Sai, la solitudine è bella a tratti ma non nella quotidianità e questa è capace, credimi, di uccidere ogni bella cosa. Tu vuoi essere felice però, lo vogliono tutti. Allora circondati delle persone che ami e fidati: la felicità non mancherà, perché quando c'è l'amore non dico ci sia tutto ma sappi che siamo lì vicini.

Virginia se n'è andata

Virginia se n'è andata senza darmi una spiegazione ma il problema è un altro: averlo fatto senza salutarmi. Ora sarai felice, smetterò di parlare di lei, e in parte lo sono anche io perché probabilmente non sono stato in grado di vedere la persona nascosta dietro le sue maschere. Lei non ha dato motivazione, si è dissolta nel nulla ma io so una cosa: è tornata con il suo ex il quale detestava quando ne parlava al telefono con me. Mi dispiace solamente per lui perché la nanetta da giardino ha mandato tante di quelle foto provocanti ai miei occhi e forse una persona così non se la merita nemmeno lui.

Volevo aggiornarti a riguardo caro lettore, mi sembrava doveroso e giusto farlo siccome ne ho parlato tanto di lei e in positivo, sì ero davvero fuso e cotto come le pere o le mele quando vengono messe nell'acqua bollente. Non ti dirò come mi sento ma puoi immaginarlo. Accendo una sigaretta e brindo alla sua, i sentimenti fanno brutti scherzi.

E ridi, e piangi / le paure, l'amore.

E ridi, e piangi, e piangi e ridi e fingi non t'importi ma t'importa e lo sai perché tu sei fatta così:
menefreghista solo all'apparenza e per il resto tutto il contrario.
Metti il cuore, sempre. "Brutto bastardo!" dici urlando ogni volta quando tutto va male. Sì, senti il dolore bruciare dentro, ripeto, metti cuore, in abbondanza, forse eccessivamente e questo rende inevitabile la sofferenza.
Come darti torto? Anche io lo faccio, non sempre ma abbastanza spesso da lasciarci parte della felicità e dello stare bene.
Ami in maniera spropositata superando ogni tuo limite, l'eccesso ti dà soddisfazione e riesce a farti sentire una persona libera e piena di vita con quella dannata infinita voglia di amare qualcuno e di essere amata per la persona che sei. Ripeto, ami. È difficile amare di questi tempi, voglio complimentarmi con te, hai fegato cara ragazza!
Vorrei fare il moralista, quello che ti fa una lunga morale della quale ormai sei stanca ma evitiamo, preferisco dirti di fare ciò che pensi sia giusto per te ma sii sempre consapevole di una cosa: per ogni scelta c'è una conseguenza.
Prendi in considerazione le possibili conseguenze e fai le tue scelte, sì devono essere tue e di nessun'altra persona chiaro? Hai una testa, un cervello decisamente ben funzionante, sfruttalo al meglio, va bene?

E non bloccarti, non farti bloccare dalla paura di stare male per le persone che ami perché sai cosa sono le paure? Almeno per me: limiti posti dalla nostra mente bastarda che sceglie di fare i capricci.

"Che stronza figlia di puttana!" direi io ma non insultiamola siccome ha anche dei pregi.

E se superi quelle dannate paure, leggi bene cosa sto per dirti, vedrai un cazzo di paradiso meraviglioso! Lo so, non sono il primo a dirlo e nemmeno l'ultimo che lo dirà a te, stanne certo! Non è mia intenzione annoiarti con questo discorso ma voglio raccontarti alcune mie storie riguardanti le paure, mettiti comodo, probabilmente ne avremo per le lunghe.

Avevo sedici anni circa e volevo innamorarmi, dico sul serio, ne avevo voglia e bisogno imminente perché prima di allora le mie storie, se così possono essere definite, erano abbastanza corte: mesi, mai anni. E l'amore oltretutto scarseggiava e nemmeno scopavo, la prima scopata è stata a diciotto anni con la ragazza di cui parlerò proprio adesso: la mia attuale ex.

Dicevo, sedici anni e tanta voglia di amare ed essere amato. Ho scritto al mio amico conosciuto alle medie se non prima, adesso sinceramente non ricordo. Gli ho chiesto se avesse una ragazza da farmi conoscere nonostante ne conoscessi davvero tante perché ero dentro l'universo femminile con entrambe le scarpe.

"Certo bro, ti passo il profilo di questa ragazza! Dopo tre settimane sarai già a casa sua, credimi!" disse così. Disse il vero. Tre settimane circa ed ero da lei, sì ma noi stavamo già insieme perché poco dopo tre giorni che le avevo scritto avevamo deciso di fidanzarci, quello insistente ero io perché avevo paura trovasse un ragazzo migliore di me!

Facciamo un bel salto temporale adesso tralasciando due anni per la strada, magari te ne parlerò più in là!

Diciotto anni, prima scopata della mia vita, con lei ovviamente. Non dirò il luogo, evitiamo. Ti dico soltanto che dopo circa cinque minuti sono venuto subito ma credimi, sono stati i cinque fottutissimi minuti più belli della mia dannata vita! Avevo paura, ne ho avuta sempre tanta riguardo lo sverginarsi. Ho impiegato due anni per una scopata, dannazione! Solitamente sono le ragazze ad aver paura no? Ecco mi sentivo io la ragazza e lei il ragazzo come se fosse uno scambio di ruoli! Lei è stata paziente, nonostante la voglia di farlo insieme a me ha aspettato, che ragazza! Non a caso era la mia, no?

Subito dopo quei cinque bellissimi minuti, anche se avrei preferito un luogo più decente e l'unico rammarico è questo, ho pensato tra me e me "Dio che stupido sono stato! Cosa mi sono perso! Brutta mente figlia di puttana!" e ho riso a riguardo, mi sono sentito piccolo e deficiente nella piccolezza di un ragazzo di diciotto anni ma ero felice!

L'ho amata tanto anche se probabilmente in maniera sbagliata! Per fare un po' di chiarezza ti dico di essere stato con lei quasi quattro anni. Il resto è storia, la mia e te ne parlerò ma ovviamente non ora.

Sicuramente ti sarai chiesto perché ho scelto di parlare di ciò e ora traiamo delle conclusioni a riguardo:
Prima di tutto ho avuto paura di innamorarmi ma poi è successo! Ho avuto paura di fare l'amore o scopare, scegli tu il termine che più ti piace, ma poi è successo!
Ho visto il paradiso dopo l'inferno tormentato a causa delle mie "stupide" paure e ascoltami attentamente, devi superarle! Caspita se devi! Io credo in te anche se non so chi sei, io sono certo che saprai superare ogni tua paura bastarda!
Ecco perché ti ho raccontato questa storia: perché io sono come te, pieno di paure, sto provando a superarle come stai cercando di fare tu, siamo un po' tutti nella stessa barca ma caro mio amato lettore o lettrice, ne usciremo!
Sì lo so, dovevano essere più storie raccontate ma volevo farti uno scherzetto, spero di essere perdonato!
Tu pensa a superare le tue paure però, ti aspetta un paradiso stupendo, chiaro?

Le paure sono solo dei limiti
posti dalla nostra mente bastarda
come se venissimo messi alla prova
da essa, tu hai intenzione di superare
queste maledette prove?

Amati per ciò che sei!

Caro lettore, eccoci qui nuovamente ad affrontare un discorso a parer mio interessante.

Ti ami per ciò che sei? Se la tua risposta è "sì" ti annoierai a morte, mi scuso già da ora. Se la risposta è "a tratti" oppure "no" probabilmente ti annoierai anche tu o forse no.

Perché non amarti per la tua persona? È alquanto bizzarro, che dici? Sì va bene hai dei difetti, lo so io e lo sai tu! Ma chi non li ha? Tutti ne abbiamo chi più chi meno! Sembra sia diventato un omicidio averli, dio santo! Se il tuo problema è conviverci allora sei fottuto, te lo dico io lettore, lo sei eccome! Sei nella merda che più merda penso non si possa, sai? Rimaniamo calmi con i piedi ben saldi nella merda dai, vediamo come uscirne, vediamo se posso esserti di aiuto, spero proprio di sì perché mica voglio vederti vivere in questa montagna di merda per sempre! Bella questa parola, calza a pennello un po' ovunque come "cazzo!" ma questo ha poco a che vedere con il mio discorso perciò torniamo a noi.

Non riesci a convivere con i tuoi difetti perché per un motivo o per un altro fanno di te una persona che o rovina tutto compreso se stessa o rovina tutto compreso se stessa, questo è ciò che pensi tu di te. Iniziamo male, malissimo. Pensare di rovinare qualsiasi cosa è l'inizio del rovinarsi, sai? Più pensi una cosa e più ti convinci di quest'ultima perciò cambiamo modo di pensare o almeno proviamo a migliorarlo. Non rovini sempre tu né tutto né tutti e nemmeno tutti rovinano sempre te, inizia a pensarla così. Forse sarà pur sempre un pensiero sbagliato ma sicuramente meno del pensare di essere tu la rovina della tua vita e delle persone che spesso si allontanano da te, anche questo contribuisce a farti credere di essere solamente un disastro. Già, le persone quando se ne vanno continuano a farci pensare, credere, dire di essere noi l'errore come se questo fosse vero, no no no non lo è mio piccolo grande lettore.

Si chiamano incomprensioni queste o voglia di cambiare aria perché non si sta più bene con una determinata persona con la quale prima sentivamo di essere dei supereroi in grado di volare. Ecco un'altra incomprensione: credere di rovinare tutto perché "tutti" vanno via da te. Errore madornale! E poi lo sai come va a finire: ti fai schifo! Ti ami sempre meno per raggiungere tutto il fottutissimo odio nei tuoi confronti, maledizione! E prendono vita le paranoie, le domande e muoiono le risposte perché si sa: scarseggiano sempre più.

E ti guardi dentro e provi a tirare fuori i difetti e ne crei di nuovi o pensi di averne alcuni che in realtà non hai ma che fanno in modo che tu ti convinca di averli! Che gran casino, che gran casino del cazzo!

Guardati, non sai convivere con la tua persona difettosa! Guardati porca puttana! Cosa cazzo merda stai facendo?! Ah ma stanno bene anche insieme queste due parole, divino! Sì ma ripeto, cosa fai? Non ti ami perché qualche povera persona stronza continua a dirti quanto fai schifo o sei difettoso? Il giudizio ti sta uccidendo. Ti stai lasciando lacerare da ciò che pensano gli altri nei tuoi confronti, fanculo piccolo grande lettore, fottiti! Scusami la cattiveria ma sono davvero arrabbiato con te!

Smettila, smetti di odiarti a causa degli altri. Smetti di odiare te stesso! Vai bene così come sei, ficcatelo in testa, ok?!

Raccolta di frasi brevi e poesie senza titolo

Pensavo che pensare troppo
uccide la felicità.

//

Guardati rovinata per una persona
che non ha mai meritato il tuo meglio.

//

Pensare a te stessa non è egoismo
se pensi anche agli altri,
è mettere al primo posto la tua persona
perché stanca di non farlo mai.

//

Complicata, ingestibile, folle,
a tratti lunatica e bipolare
e affranta e testarda:
Sei tu, un mix di bellezza
senza fine.
//

Profumi di vita tu che vuoi viverla
e andare ai concerti e ballare
fino all'alba e fumare e sentire
la libertà bruciare sulla pelle, quella tua.

//

Sono un giovane ragazzo
e trattami da tale
che per essere adulto
il tempo non manca mai
ma non ora, no non ora,
lasciami essere giovane
ancora.

//

Voglio portarti al mare
e stare bene con te
e lasciare per strada
i pensieri e abbandonare
lungo il viaggio
tutti i problemi.
//

Continuerai a mancarmi
durante le notti nelle quali
berrò birre e fumerò sigarette
e cercherò dei film da guardare
ma nessuno andrà mai bene
perché non andrà bene niente a me.

//

E dimmi che starai bene
anche senza me
e dimmi che anche senza me
saprai prenderti cura
di te stessa.

//

Le persone vanno e vengo
e poche restano e devi accettarlo
e devi viverle appieno
prima che vadano
se non vuoi avere rimpianti
e rimorsi a tartassarti i pensieri.
//

Davvero ti interessa cosa
pensano gli altri di te?

//

Sono in procinto al fallimento
con questo libro e come inizio
non è promettente,
colpa delle paranoie
dei ventidue anni.
Spero sia un bel fallimento almeno,
spero di sbagliarmi.

//

Alle persone piace giudicare
e lo faranno sempre
ma tu vai avanti per la tua strada
che se hai un sogno
non devi lasciare i giudizi
lo disintegrino!
Combatti e rialzati!
//

A me manca l'amore
che sapevi darmi tu
e che nessun'altra
è stata in grado
di raggiungere.

//

Pensavo di scriverti
pensavo di chiamarti
pensavo di ucciderti
pensavo di odiarti
pensavo tante cose
pensavo altro ancora
pensavo di stare bene
pensavo di dimenticarti
pensavo di bere
pensavo di fumare
pensavo vaffanculo
pensavo adesso vado
pensavo non senza te
pensavo tornavi
pensavo male.
//

Vorrei evadere senza spiegare il motivo
che dare spiegazioni è una noia mortale
e mi stressa dover motivare le scelte fatte
e mi innervosisce questa città per la gente
che c'è qui che a me sta stretta e io sto stretto
a loro e stiamo stretti un po' tutti e sento
la libertà soffocata da questi stronzi
che se hai un sogno corrono subito ad ucciderlo
e qui funziona così se hai pochi amici
e figurarsi se non ne hai proprio.
Vorrei evadere e andare ovunque che a me
non importa dove purché sia lontano
da questa gente.

//

Cerco la pace senza trovarla
che ad essere in guerra
con me stesso e con gli altri
mi stanca e porta via le forze
e la pazienza e ogni bella cosa
e quel che mi lascia è l'amaro
in bocca e lungo tutta la gola
e la rabbia e i pugni contro
il muro di un ragazzo affranto.
//

Una birra e delle sigarette
e tanta noia e poca voglia
di uscire di casa che io
sto bene qui dentro a scrivere
ma forse dovrei andare là fuori
e buttarmi nel branco e diventare
un buon pasto per l'ennesima stronza,
sì forse dovrei, la vita si gode là
in mezzo al mondo e non qui
in mezzo a queste scartoffie di merda
tra cornicioni di pizza e birre e sigarette
e una grattata di palle e ventidue anni bruciati.

//

La tristezza non è altro
che felicità avariata come
i cibi in scatola scaduti.
La tristezza è come merda
un ammasso di sola merda
che puzza e il suo odore
ti sbrana le narici.
//

Pensavo l'amore fosse
un bel sentimento
poi ho scoperto il tradimento
le bugie le urla le litigate
ma penso ancora sia bello:
siamo noi a rovinarlo.

//

Dimmi quanto ti manco
che se vuoi passo da te
con le birre e delle sigarette
e parliamo e scopiamo
e smettiamo di pensare
che farlo sempre fa male.

//

Vorrei fumare qualche sigaretta
insieme a te mentre stiamo sul letto
a parlare di tutto e di niente
che a me va bene pure il silenzio
se ti ho accanto.

Passami un po' d'amore
e arte e vino che sono
a corto di tutto questo
ed è proprio questo
a stancarmi e innervosirmi
e uccidermi e farmi sentire
solo in mezzo a questo branco
di animali travestiti da umani.
Hai permesso ad un altro stronzo
di entrare nel tuo cuore e ora che è a pezzi
ripeti a te stessa: maledetta stupida!

//

Preferirei avere il fegato a pezzi
e non il cuore.

//

Nella mia testa penso
di essere forte
con la scrittura
ma forse sto facendo
ridere anche quei polli
di cui parlavo qualche
pagina fa.
//

Strappami il cuore dal petto
che tanto d'amarti mica
la smetto, no non smetto.

//

Il sapore delle tue labbra
che nessuna ha, ecco cosa
manca spesso.
E manchi tu. Tanto.

//

Ma m'ascolti? T'amo
e mi drogo di te
e i miei occhi si drogano
di quelle curve
e le mani della pelle
e sono fottuto come quando
sai di avere fatto una stronzata
e no, non la passerai liscia
questa volta.
No, non la passerò liscia
con te che ormai sei dentro
la mente, quella mia.
//

Parlami d'amore che brucia
che sento il mio spegnersi.

//

Resta ancora un po' con me
che con me non è mai rimasta
nessuna ma vorrei rimanessi tu,
ancora un po', qualche ora.

//

Non so amare
che finisco
per fare
e farmi male.

//

Verresti con me al mare
e ai concerti e a ballare
e dove stare bene
ed essere spensierati,
verresti?
//

Se hai bisogno di me
sai dove trovarmi:
sotto casa tua
con delle birre
e un pacchetto di sigarette
da condividere insieme
e possiamo ordinare una pizza
e possiamo fare tutto ciò
che ti rende felice.

//

Vorrei smettessi di mancarmi
e quando penso di averti dimenticata
ecco che appari nei pensieri
e la mancanza si fa sentire
e la voglia di te di noi di vederti
e stringerti forte chc è da tempo
che non ti stringo e a me manca
anche questo.
//

Vorresti essere una stronza
menefreghista e indifferente
come molte ragazze
ma non sei come molte
e continui a rimanere buona
con chiunque e perdoni sempre
e rimetti il cuore e la mente
e il fegato tutte volte
quando bevi per dimenticare
e non per divertirti
che il divertimento
sembra esserci ma non c'è mai
se i pensieri affollano la mente
anche da ubriaca.

Quella piccola puttana di una ex

Voglio ficcare la mia ex in questo libro, quella più importante dopo la quale non ho amato un'altra, solo cotte passeggere e scopate qua e là e Federica la mano amica che non tradisce mai le aspettative e foto e video di ragazze dal bel corpo che scrivere aiuta anche a questo e sbronzate e birre mandate giù come fossero acqua e sigarette fumate e canne lasciate spente a metà sul comodino.

Voglio ficcare dentro queste pagine quella piccola puttana con la quale sono stato insieme quasi quattro anni, piccola puttana sì ma dannatamente bella e premurosa in tutte le cose che faceva.

Lascerei parlare la rabbia e l'orgoglio e il nervosismo e la sconsolazione e la nostalgia dandole della troia ma questo sarebbe un insulto e non credo di avere molta voglia di farlo perciò preferisco parlare di quanto mi manca.

Mettiti comodo caro lettore, sto per tirare fuori una parte del meglio del mio repertorio e non per il modo di scrivere ma per quello di sbatterti in faccia cose astratte come le emozioni, sentimenti e stati d'animo attraverso cose concrete. Ti sei messo comodo?

Bene, fammi accendere una Winston... Trovassi l'accendino l'accenderei... eccolo! Possiamo iniziare!

Voglio fare chiarezza nella tua mente anche se come avrai intuito amo il caos, dovrebbe notarsi dalle prime quarantasette pagine no? Dicevo, voglio fare chiarezza spiegandoti che mi sono lasciato un anno e mezzo fa a causa delle troppe incomprensioni, litigi, gelosia e quant'altro. Da parte di entrambi, più da parte mia. Siamo stati insieme dai miei sedici ai venti anni e dai suoi quindici ai diciannove anni. Non devi sapere altro, non voglio farti sapere altro, non adesso. Credo questo sia abbastanza, ora hai qualche dettaglio in più a riguardo dell'ultima relazione nonché la più importante.

Lo so, ti sei già messo comodo e qualche riga fa dovevo iniziare a parlare della sua mancanza, eccomi iniziamo sul serio!

A me manca molto, non posso più negarlo e nemmeno voglio perché la stanchezza nel negare è diventata troppa per uno come me che sì sa nascondere bene ma a volte ho bisogno di buttare fuori ciò che non sono più in grado di oscurare.

Oh se mi manca quella piccola stronza puttana!

Eppure mi diverto, scopo, rido, esco e faccio del mio meglio per sbattermene il cazzo, scusa il linguaggio, e devo dire di riuscirci alla grande, più di quanto potessi mai aspettarmi MA, perché un ma c'è spesso, mi svuoto. Le palle grazie alle scopate e i sentimenti pure, sempre a causa di quest'ultime. È bello scopare senza avere una relazione, farlo per il semplice gusto di ficcare dentro l'uccello e tenerlo al caldo tra le gambe di una ragazza con la quale sai il giorno dopo non dovrai litigare, vivere, fare cose che le coppie fanno. È meraviglioso, cazzo! Se non fosse che la mia mente bastarda ha nei suoi pensieri quella piccola puttana di una ex. Maledetta mente, maledetti pensieri, maledetta lei, maledetto me e tutti quanti! Fortunatamente le scopate me le godo ma non tanto il post-scopata che riguarda il mio tornare a casa e non quando te ne stai con quella bella ragazza appena scopata a fumare delle sigarette, mi godo pure questo. Il post-scopata, il post-divertimento, post-quel che vi pare, è quello il problema. È lì che mi chiedo "Perché lo sto facendo?" e l'unica risposta che riesco a darmi è "Stavo ragionando con l'uccello!" perché a volte, abbastanza, è lui la mia mente! Ancora devo capire come possa l'uccello ragionare ma va bene così, ragiona eccome! Quando ha la possibilità di scoparsi una bella fica se la scopa, quando no bisogna usufruire delle mani, una routine piuttosto normale per quelli come me. Dopo la smanettata chiaramente non inizio a farmi domande esistenziali perché in quel caso non c'è nessun corpo femminile scopato a farmi pensare a quella piccola puttana della mia ex, sempre dal gran cuore ricordo.

Quando torno a casa, dopo una bella sessione di sesso inteso, mi sento vuoto e apro birre su birre e fumo sigarette su sigarette e se ne ho voglia scrivo ma perlopiù leggo il mio amato Bukowski perché rivedo in lui una buona parte di me, praticamente tutta. E questo lo chiami vivere? Allora amo questa bellissima vita di merda perché nella merda navigo benissimo come un marinaio in un mare a lui conosciuto come le sue dannate tasche.

E birra dopo birra e pensiero dopo pensiero sento la sua mancanza divorare la mente e dar vita alla malinconia spropositata alla quale, purtroppo o per fortuna, appartengo. E sigaretta dopo sigaretta e riga dopo riga mi accorgo di quanto la scrittura sia stupenda e di quanto sono un privilegiato nell'essermi dato il privilegio di scrivere ma sempre un povero stronzo rimango, con i polmoni inceneriti e le gambe stanche che di strada ne hanno fatta, con i pensieri altalenanti come l'umore e l'amore del quale non ho mai saputo un cazzo e nemmeno ho voluto sapere qualcosa, solo viverlo e l'ho vissuto e mi dispiace tanto sia finito. Sia finito quello tra me e quella piccola puttana della mia ex che aleggia nelle parti di una mente affranta di un ragazzo come me che a me di me stesso non interessa un cazzo in questi momenti e potrei diventare carne da macello da dare in pasto agli animali, me ne fotterei. E un po' me ne fotto: di me, del mio corpo, del bell'aspetto che quello non farà di me una bella persona né di te né di nessun altro umano su questo dannato pianeta sfruttato. Pensi le belle persone lì fuori, intendo quelle belle esteticamente, lo siano anche dentro? Puttanate. Abbiamo così tanto marcio dentro noi che mi viene il voltastomaco, vorrei vomitare o non essere mai stato messo al mondo ma a quanto pare il destino ha voluto una cosa ben differente da ciò e va bene così, andrò avanti a vivere ostentando il peggio del peggio perché dietro ogni bella persona si nasconde una dannatamente brutale e io lo so e lo sai tu e lo sanno tutti ma in pochi ne parlano e ancora meno pochi lo ammettono. Io lo ammetto. E me ne fotto. È la verità nuda e cruda, devi accettarla mio piccolo e caro lettore. Devi accettarle determinate scelte o fingere di farlo mentre ti uccidi quando sei nascosto, lontano da occhi curiosi e pronti a giudicarti. Pensi io abbia accettato l'addio della mia ex? Mai, mai e poi mai. Ho finto come un povero stronzo. Impassibile, indifferente, meschino. All'apparenza e basta. Dentro in fin di vita. Sanguinante, tremolii infiniti. Coltellate ancora intatte sopra e sottopelle che non sono stato in grado di estrapolare per poi curarne le ferite. Questa è una parte del mio meglio di questo repertorio del cazzo, puoi sentirmi urlare caro lettore? Mi senti? Stupide e bastarde urla come se cercassi qualcuno a risanare tutto, lo sto cercando. Mi sto mettendo a nudo, guarda le schegge conficcate sulla schiena da una stronza e lasciate lì fino a diventare una parte di me, me ne farei conficcare tante altre se servisse a poter rivivere l'amore con lei. Stupido non trovi? Infinitamente stupido direi io ma cos'è la stupidità? Un giudizio dipinto sulla pelle delle persone definite inferiori ad altre quando lo sono sempre e solo all'apparenza. Gioco molto con le apparenze perché come ben sai valgono tanto quanto le falsificazioni, niente. E può andarti bene una volta e due o tre ma non in eterno. Come l'apparenza. Puoi nasconderti dietro di essa ma non in eterno, verrai scoperto, ti farai scoprire tu perché stanco di nasconderti continuamente.

Merda! Quella fottuta stronza ha lacerato tutto di me, un cuore fatto a brandelli, a pezzi, divorato, consumato, sbranato fino alla fine. Tranquillo caro lettore, non sto così male no. Continuo a godermi tutto, il bello e il brutto e ora sto godendo della bruttezza e della brutalità, me la sto gustando come se avessi davanti ostriche e champagne, chi cazzo le ha mai avute sotto gli occhi, non io. Era giusto una specie di eufemismo per farti comprendere quanto sto gustando il male, il dolore, la sofferenza che brucia lentamente sotto la cute. Sono felice e grato alla vita perché mi ha concesso di essere trafitto da una persona per la quale ho provato ogni genere di sentimento. L'amore è bello, credo sia una delle pochissime cose se non l'unica dove il brutto è allo stesso tempo stupendo, per me intendo. A te magari fa altamente schifo ed è comprensibile sotto certi punti di vista. Devi averne di fegato per dire che certe brutalità sono meravigliose e anche tante palle nel dirlo a moltissime persone attraverso un libro. Io me ne fotto, ripeto. E lo dico. Lo urlo. Lo scrivo. E me ne fotto ancora. E ci bevo su e ci fumo su e ci rido su.

Adesso non so chi sono, in realtà non lo so mai quando prendo carta e penna o il blocco note del telefono per buttare giù delle righe. Adesso più delle altre volte non lo so. Adesso sto lasciando il fuoco uscire fuori dalla mia maledetta mente. Adesso sto bruciando tutto e tutte le persone intorno. Adesso il fuoco è vita, fiammelle alte ed altre basse come gli alti e i bassi che la vita regala a tutti noi perché sì, io lo definisco un cazzo di regalo stupefacente che altera ogni emozione, la droga più potente: la vita.

AH QUANTO MI MANCA! Quella puttanella dal valore immenso ha "ucciso" me. È stato piacevole farsi sbranare da lei. Vorrei avere altre dieci vite per amarla e darle tutto e poi farmi sbranare ancora.

Non so come spiegarti la mia visione d'amore se non meglio di così: darei la mia stessa vita per quanto io sia un codardo e spocchioso bastardo a volte.

E lo sono spesso, anche figlio di puttana! Non che mia madre lo sia, per carità! È una donna buona come il pane, bellissima dentro e fuori! Te ne parlerò piccolo lettore, più in là.

Ah quanto mi manca, probabilmente queste parole nemmeno bastano a spiegarmi come vorrei ma nemmeno se ne usassi altre.

Lo senti piccolo lettore? Lo senti il mio fuoco? Brucia ma non fa male, no. E lo so, sono certo di una cosa: ne hai uno dentro anche tu. E brucia tanto quanto il mio. E quelle fiammelle non sono tutte positive ma nemmeno solo negative, e lo sai. Tutti hanno il fuoco dentro sé. Nessuno escluso. Ed è bello no? È meraviglioso, unico, tremendamente stupefacente, cazzo!!!

Adesso ascoltami, anzi leggimi. Ti parlo, ti scrivo come se fossimo amici da una vita.

Non smettere mai di bruciare che sia di passione, amore, dolore, sofferenza, nostalgia o chissà quale altre cosa. Tu non smettere. Ardi. Ardi più che puoi. Goditi la vita e la sua immensa bellezza e brutalità. Goditi i paesaggi, i viaggi, la natura, il mare, le montagne, le strade e le città e le campagne e tutto.

Goditi l'amore da entrambi i lati della medaglia e innamorati e tira fuori le emozioni, i sentimenti, le paure. Gusta la vita, goditi il viaggio dei suoi sapori.

Ne abbiamo una no? E sfruttiamola al meglio! Chiaro piccolo grande lettore?

La vita è tragicomica, ah che bella!

Pagina 56 – 57 – 58

Che bel titolo non trovi? Non avendone uno ho scelto di mettere il numero delle pagine, sono un genio! Ironicamente parlando! Sì ma di cosa parleremo? Di cose su cose, a caso forse. Iniziamo.

Dentro ogni ragazza si nasconde una piccola puttana ma non a tutti è consento l'accesso. Ci pensi mai? Effettivamente tutte le ragazze hanno quel lato perverso, è normale. Sì ma non è per tutti. Ecco cosa distingue secondo me una ragazza da un'altra. Darla a chiunque non è il massimo della reputazione ma soprattutto della dignità no? Poi facessero tutti ciò che vogliono perché io me ne fotto a prescindere. Sto solo argomentando, nessun giudizio verso nessuno, per carità! Non vorrei mai vedere centinaia o migliaia di dita puntate dall'universo femminile anche perché ho già detto di esserci dentro con entrambe le scarpe e da grande amante delle donne o ragazze che si vogliano definire non è mia intenzione giudicare. Detto questo torniamo a noi. La distinzione tra una poco di buono, definita dalla società, ed una ragazza per bene sostanzialmente è quella lì che stavo dicendo prima, almeno a me piace pensarla così.

Devi essere bravo, ascoltami. Bravo con loro. Devono fidarsi di te e per farlo devi alimentare fiducia in loro. Devi fare in modo di far capire che possono fidarsi. Sì ma senza usarle, sia chiaro. Se proprio vuoi una scopata falla con chi ha la tua stessa voglia di farla. Non usarle come fossero oggetti perché non lo sono, questo è un consiglio poi veditela tu. Anche io vengo definito un bastardo quando magari vado via da una ragazza dopo averci fatto svariate scopate o cose simili ma va bene così, allo stesso tempo le ho fatte stare bene regalando loro dei momenti piacevoli sia grazie alla scopata ma anche al resto e per resto intendo ascoltare, comprendere, notare i loro dettagli, star loro accanto se ne hanno bisogno ma anche se non lo hanno! Devi dimostrare che tieni alla loro persona o corpo che sia! Che siano solo svariate scopate o amore! A me piace metterle al centro del mio tutto, non so a te cosa piace invece. Nonostante ciò, come dicevo, vengo definito un bastardo quando vado via, è comprensibile. Si legano. Si affezionano. Non tutte ma molte. È nella indole femminile, non possiamo cambiare questa cosa. Io so di aver dato il massimo e sono apposto con me stesso. Dispiace se la prendano sul personale come se la colpa del mio allontanamento fosse loro, non è quasi mai così.

Insomma, hai capito no? Ogni ragazza ha quel lato perverso e per poter accedere devi dimostrare che possono fidarsi. Ripeto, senza usarle. Magari cambierò pensiero ma intanto è questo e non le usare. Fa' l'bravo!

Adesso di cosa possiamo parlare invece? Dei libri! Oh fantastico! Un libro come questo può essere calcolato da qualcuno? Nel senso: vendono? Non che m'interessi per i miei interessi ma qualche volta mi fermo a pensare se può vendere il MIO libro, non quello degli altri. Preferisco rispondermi di no sia perché vedo generi differenti da questo vendere bene, molto bene! Sia perché non voglio avere aspettative anche se a riguardo di queste dannate pagine ne ho una di aspettativa: sarà un capolavoro fallimentare. Preferisco pensarla così. Magari ora che stai leggendo sarò già ricco con una bella casa e avrò portato via mia mamma e mio fratello da questo posto di merda! Questa è una possibilità alla quale voglio dare il 2% e il restante 98% scelgo di darlo a questo pensiero: resterò il solito poveraccio e della mia passione non ne farò mai nulla perché a nessuno interessano le mie stronzate. Indipendentemente da come andrà, questo resta il mio primo lavoro serio, il primo libro fatto da solo da capo a piedi. Ne scriverò altri. Amo la scrittura e devo molto a questa opportunità. Voglio però sfondare. Spaccare le barriere e rendere una passione qualcosa di più, a livello economico parlando, perché a livello emotivo è un qualcosa impossibile da spiegare a parole, meraviglia allo stato puro! Non per diventare un riccone, perché con i libri è già complicato e con la mia scrittura peggio mi sento, ma per avere la possibilità di vivere in maniera decente con la mia famiglia e poi magari prendere una casetta per me. Sarebbe un sogno e sai mio piccolo lettore, voglio crederci fino alla fine perché fino a quando avrò la forza di respirare non mi farò buttare giù da nessuno. E dispendo un consiglio, poi decidi tu se prenderlo in considerazione: qualsiasi è il tuo sogno, combatti per realizzarlo.

C'è chi pensa io scriva bene

C'è chi pensa io scriva bene, stronzate. Probabilmente se anche tu lo pensavi avrai cambiato idea, in caso contrario ti ringrazio davvero tanto ma rimangono ugualmente stronzate nella mia testa. Io scrivo. Punto e basta. Mai bene, sempre male. Questo mi piace pensare perché amo scrivere da schifo. Amo parlare dello schifo e renderlo meno schifoso oppure eccessivamente merdoso. Di solito esagero, in tutto. Sono una persona dannatamente esagerata e forse sbaglio, ci bevo su così smetto di pensarci.

Dicevo che c'è chi pensa io scriva bene, a volte non mi capacito di ciò ma ringrazio, è bello vedere la mia scrittura fallimentare piacere agli altri. Quasi quasi potrei amarla ed elogiarla ma non sono dell'umore e poi la birra non si beve da sola, la sigaretta si fuma sola invece, brutta bastarda dammi tempo no? Ovvio che no, lei si fuma e gusta se stessa velocemente, a meno che non abbia voglia di spegnersi per farsi fumare anche da me, quasi mai.

Avendo letto personaggi di un certo calibro penso spesso: io cosa c'entro in questo mondo fatto di geni dalle abilità inumane nello scrivere, cosa faccio qui? Schifo.

Probabilmente non merito questo mondo ma io farei molto più schifo senza la scrittura e non sapendo stare lontano da essa: scrivo. Male. Ma scrivo. E amo tutto questo. È divertente, soddisfacente. Voglio divertirmi ancora un po' con la penna e i fogli, sì.

La rabbia in una notte

Ero a casa quando ad un tratto stavo innervosendomi con me stesso per svariati motivi – sono sempre arrabbiato con me – e presi qualcosa da bere dal frigo e una siga – per i meno istruiti: una sigaretta – andai sul balcone a fumarla, nemmeno due minuti e l'avevo finita, un'altra dopo e ancora un'altra e fumavo e fumavo e dicevo a me stesso "Sei un povero bastardo di merda, non la senti da mesi e mesi la tua ex e continui a stare male per lei, guardati idiota! Nemmeno ti considera più! Non si è mai fatta sentire, coglione!" e m'insultavo abbastanza perché insultarmi è come una carica di adrenalina, una scossa che ti sveglia e mi svegliai. Misi due stracci indosso e andai a correre, all'una di notte! Penserai che sono un pazzo, siamo in due a pensarlo. Oltretutto pioveva a dirotto, una tragedia. Io però andai e corsi come un forsennato, piansi perché sapevo nessuno poteva notarlo, così non fosse stato mi avresti visto con lo sguardo da spavaldo come stessi andando a spaccare il mondo quando invece ero io quello spaccato, fatto a pezzi, dall'amore. Rientrai a casa verso le tre. Fumai una sigaretta e subito dopo feci la doccia. Piansi anche lì. Avevo ancora delle lacrime in sospeso a quanto pare. Sappi che odio piangere e lo faccio raramente ma quando le lacrime scivolano giù sulle guance non ce n'è per nessuno, nemmeno per uno come me all'apparenza fatto di cemento e qualche ammasso di ferro amalgamato all'acciaio con il cuore come il marmo. Uscito dalla doccia fumai un'altra sigaretta senza più piangere. Mi feci coraggio ripetendo a me stesso "Questa volta ce ne fottiamo! Tiriamo fuori un po' di merda da dentro noi sì?" domandai come se stessi parlando con qualcuno. Risposi di sì. Facevo tutto da solo, domande e risposte, pianti e rabbia e chi più ne ha meno ne metta che ne ho abbastanza io.

Pensi l'abbia dimenticata? Chiaramente no e nemmeno ho smesso di pensarla o di stare male ma sai, ti abitui al dolore. Inizi a conviverci prima o poi. Nonostante questo non sei mai pronto ad altre delusioni e non parlo solo dell'amore ma in generale. Un po' come la morte. Sai che prima o poi arriverà ma non sei pronto, non lo sei mai.

Odio molte cose

Odio molte cose, e in queste pagine parleremo di ciò. Odio gli autobus in ritardo. E a volte, spesso, arrivano dieci minuti dopo l'orario prestabilito, dio che nervoso. Sai bene di cosa parlo, sono certo della tua comprensione. Odio chi continuamente si lamenta senza fare nulla a riguardo dei propri problemi. Dio mio, fastidio allo stato puro. Forse posso essere certo anche qui della tua comprensione. Odio l'acqua quando entra nelle scarpe a causa della pioggia e delle pozzanghere create da quest'ultima che la colpa è pure del mio essere puntuale per l'autobus ma stranamente, autista bastardo, è in anticipo in questi casi, maledizione! Colpa del suo anticipo semmai, fanculo.

Sarà che ormai sono diventato impaziente e non sopporto tantissime cose come aspettare: gli autobus, i treni, le persone. Ah si, le persone. Proprio loro. Aspettarle. Non per ritardi riguardanti il vestirsi ma per quelli a livello amoroso, aaaah! E mi fanno impazzire e innervosire e ogni cosa altamente nociva per chi mi sta intorno che divento stronzo e rispondo male e molto altro ancora. Insomma, hai capito no? E nonostante ciò aspetto come un povero stronzo perché quando l'interesse verso una ragazza è tanto cosa fai non aspetti? Ovvio che sì, stupido me! E bevo birre su birre e fumo sigarette su sigarette in preda al panico che essere tranquillo aspettando una scelta degli altri dalla quale dipende anche il mio stare bene non è il massimo della tranquillità!

Odio molte cose, forse troppe: chi picchia le ragazze – un giorno metterò le mani addosso a quei bastardi a costo di rischiare la galera – chi fa stare male persone della mia famiglia o quelle a cui tengo particolarmente, preferisco insultino me che tanto non m'importa nulla di me stesso come ho già scritto pagine addietro. Odio anche altro, probabilmente troppe cose da essere scritte tutte, continuerei il libro parlando solo di questo ma non è mia intenzione e nemmeno quella di annoiarti perciò mettiti comodo. Ora ci rilassiamo con la seconda parte delle frasi brevi che ne ho alcune carine per te.

Quanto odio puoi avere
dentro te?
Fino a dove ti spingeresti?

Seconda raccolta di frasi brevi e poesie senza titolo

Guardati allo specchio
e dimmi se è questa
la persona
che volevi diventare.

//

Da piccolo cosa sognavi
di diventare da grande?

//

Non sarà la lunghezza
di un libro a determinare
la sua potenza
ma il suo contenuto.

//

E ti sei consumata
per un'altra persona
e ora che sei stanca
vuoi solo andare via.
//

Vieni via con me, andiamo a fare una scorta di birre e sigarette, scappiamo senza meta, senza una direzione che tanto ovunque si va io sto bene se siamo insieme.
Vieni con me, ti porto a ridere dove puoi essere spensierata così come voglio vederti sempre.
Posso ubriacarmi di te ancora un po'?

//

Ribelle, sensuale, romantica, sfacciata, a tratti maliziosa e permalosa, a volte buona e generosa, spesso disponibile anche se la disponibilità non viene ricambiata. Elegante, determinata, solare e vivace con sfumature di tristezza nell'iride. Orgogliosa, sfrontata, nervosa e raramente pacata che la pacatezza viene rovinata dalle persone intorno a lei. Silenziosa ma rumorosa, provocatoria quando le provocazioni nei suoi confronti la feriscono.
Disordinata lei che l'unico ordine del quale è a conoscenza è camera sua se tutto va bene ma il disordine si trova anche lì quando i vestiti tolti non vengono piegati ma buttati su una sedia o dove capita che a lei poco importa sistemarli.
Impulsiva, chiacchierona, amante del rischio lei che sente il bisogno di sentirsi viva e di vivere le emozioni, i sentimenti e ogni cosa bella a renderla felice e spensierata.
Hai il sole dentro e la luna, il buio e la luce, incasinata e in contrasto come lui sei tu con te stessa ma resti bella sempre.
//

Per amore sono diventato incoerente
tutte le volte che dal "ti odio!"
sono passato al "ti amo!" e viceversa.

//

Ma quanto poco durano le cose belle
tu lo sai bene.

//

Guardami e dimmi cosa vedi in me
che io vedo solo caos
tanta confusione e poche certezze
alle quali aggrapparmi
poca pazienza e troppa rabbia.

//

Hai bisogno di staccare la spina
tu che pensi troppo:
Guarda come ti sei ridotta!

//

Mi piacerebbe entrarti nella mente
solo per vedere cosa pensi veramente di me.
//

Allontani tutti per paura di soffrire ancora una volta come quando hai scelto di fidarti e la fiducia è stata tradita.

Dicono di lasciarti andare, di correre il rischio mettendo da parte le paure ma non vuoi ritrovarti con i sentimenti e il cuore a pezzi di nuovo perché sei stanca di dare tutto e ricevere niente in cambio. E resti in bilico tra un "Va bene corro il rischio, mi fido!" e un "No non voglio stare male!" e non sai se la scelta giusta è allontanare le persone oppure no. Sei confusa e fumi e bevi e provi a ragionare ma sembra impossibile farlo perché le volte in cui ti sei lasciata andare sai com'è andata a finire: tutti se ne sono andati lasciandoti sola. E hai iniziato a farti le paranoie: dove sbaglio? Perché mi sento sbagliata? Perché mi fanno sentire così?

No piccola, non sbagli tu. No! Sbaglia chi ti pensa facile siccome non lo sei mai stata, non lo sei e mai lo sarai! E se non combattono per te è perché forse nemmeno tengono alla tua persona! Non sbagli tu piccola, non sei sbagliata, chiaro?

//

Volevo ricordarti che sei bella
e che sei bello anche tu,
sì avete il marcio dentro come tutti
ma siete belli, vivi e pieni di vita!
Non dimenticarlo mai.
//

Tu con le lune storte e quell'essere perennemente lunatica, complicata, ingestibile ed eccessivamente incasinata che i casini sì te li creano ma te li crei anche tu. E sbuffi come fossi annoiata, lo sei. E ti nascondi dietro ai sorrisi e all'ironia, alle tante maschere costruite nel tempo come quella dove fingi di essere una stronza, di trasformarti in una persona cattiva solamente per proteggerti dalle delusioni. Ne hai già ricevute tante da dire "non ne ho più di pazienza!" ma poi come tu solito, perché non puoi cambiare ciò che sei nel profondo, ti perdi negli abbracci e ti affezioni con una facilità disarmante perché a te basta poco: una carezza, un bacio, un gesto fatto con il cuore.

Perché per quanto fingi di essere stronza, fredda e menefreghista non puoi controllare i sentimenti né le emozioni quando si tratta dell'amore.

È che tu per quanto puoi essere complicata, ami e tanto e in maniera spropositata e superi i limiti e senti bruciare ogni sentimento dentro la testa, nel cuore, sopra e sottopelle. È che tu sei matta, matta da legare a causa di tutto questo amore che ti porta a fare pazzie e ne fai di tutti i colori! Ingestibile ma dannatamente meravigliosa! Incasinata ma infinitamente unica.

Complicata ma semplice allo stesso tempo.

Un casino da prendere al volo, da tenere accanto con le unghie e con i denti!

//

Diventò una stronza
menefreghista
impassibile e indifferente.
Colpa degli uomini
che avevano giocato
con i suoi sentimenti.

//

Tratta la tua donna
come fosse una regina
e verrai ripagato.
Trattala come uno straccio
e riceverai in cambio
tutto lo sporco assorbito
da lei.

//

Dovresti baciarle i piedi
per tutta la premura
e l'amore che ti dà!
Invece le punti il dito
e metti in risalto
solo i suoi difetti
come non avesse pregi
quando ha più quelli che altro.
//

A te che sei bella
e non lo vedi
a te che sei buona
con tutti
a te che fingere
di stare bene
quando stai male
non sai come si fa
a te che a te nessuno
ha mai dato tanto amore
quanto ne hai donato tu
a te che dovresti amarti
più spesso e odiarti meno
a te che sei fragile
ma mai debole:
sei stupenda
e unica e meravigliosa.
Puoi amarti?
Puoi farlo per te stessa?
Io so che puoi
e allora fallo
e truccati se vuoi
e resta senza trucco
e vestiti bene
e resta con due stracci
indosso che resti
bella sempre.
//

Vorrei fossi qui per dirti
quanto sotto sotto
ho continuato ad amarti.

//

A me manca fumare
le sigarette con te
come andare al mare
e al cinema
o alla giostre
o ovunque volevi
stare tu che con te
anche un posto
di merda sarebbe
diventato stupefacente.

//

Dimmi che anche tu
non hai smesso
di amarmi
di pensarmi
e di provare a cercarmi
e dimmi che anche a te
quel nodo in gola
ti ha bloccata quando volevi sentirmi.
//

Spunterà il sole anche per noi
morti di fame con addosso
solo la merda delle persone
travestita da stupidi pregiudizi.

//

Toccami il cuore
come sapevi fare
un tempo quando
ancora eravamo
una cosa sola.

//

Confuso e non so cosa voglio
né chi né ho una spiegazione
ai miei comportamenti
da spocchioso bastardo
come fossi solo indifferente
quando sono molto di più
di un semplice stronzo.
Colpa di chi mi ha trafitto
o colpa mia ad essermi affezionato
o il finale tra noi doveva
semplicemente essere quello
di separarci?
//

C'ho messo troppo sentimento
e ora il cuore batte a stento
e va sempre più lento
e se dico di stare bene
sappi che mento.

//

Buon umore dove stai?
Sonno dove stai?
E le mie birre?
E le sigarette?
E la felicità?
Dove stanno
'ste cose eh?

//

"Non ci sta farmacia
né pasticca a salvarti"
come se volessi essere
salvato da me stesso
quando invece mi amo
per la persona che sono.
//

Il fuoco nei miei occhi
prendono vita
quando si posano
sul tuo corpo.

//

Possiamo amarci ancora?

//

Non pretendere
gli altri pensino a te
ma pretendi
di pensare tu a te stessa.

//

Vorrei tu stessi bene
e pure tanto
perché il bene
non ha mai fatto male
a nessuno
e se ha fatto male
non era bene

Mi fai sanguinare ma ti amo lo stesso

Caro lettore, spero siano state di tuo gradimento le frasi brevi e definirle poesie mi sembra esagerato ma tralasciamo. Spero ti siano piaciute, anche una sola a me andrebbe bene, meglio di nessuna no?

Adesso parliamo di una frase sentita e risentita: mi fai sanguinare ma ti amo lo stesso.

Sono stato spesso scettico, stupidamente innervosito da ciò, sbagliando. L'ho capito grazie alla relazione con la mia ex perché anche lei faceva qualcosa di simile ma continuavo ad amarla o per meglio dire era l'abitudine tramutata in amore dai miei occhi.

Andiamo per gradi però, anche se non mi piace né so farlo ma tentar non nuoce, si spera!

L'abitudine fotte parecchio perché le persone hanno spesso paura di vedere le proprie vite sconvolte senza preavviso perché non possono avere il tempo necessario di crearsi un bel piano B, C, D...e via dicendo – wow conosco l'alfabeto, niente male! – e allora vanno nel panico e scambiano le abitudini per amore, come ho fatto io, questo ovviamente quando dall'altra parte della sponda c'è una persona che fa sanguinare perché c'è abitudine e abitudine, mica riguardano tutte questo discorso. Spezziamo qualche secondo il filo del discorso, ho bisogno di accendere una sigaretta così da scrivere in maniera meno schifosa sennò i tuoi occhi potrebbero preferire non essere mai esistiti... [risata].

Ti sei messo comodo sì? Anche perché leggere un libro, per giunta brutto a parer mio, in posizioni scomode non sarebbe rilassante. Spezzato il filo del discorso va pur ripreso. Riprendiamolo sennò poi scappa via dalla testa.

Dicevo, spesso le persone, quelle che dicono quella frase, nemmeno si rendono conto che a parlare per loro è quasi sempre l'abitudine e la paura di vedere le abitudini cambiare, ciò accade perlopiù come già detto prima: quando dall'altra sponda c'è una persona che fa sanguinare oppure quando non si è in grado di lasciare qualcuno o perché si è troppo legati o sempre per colpa dell'abitudine, oppure perché si è veramente innamorati, non è sicuramente da escludere questo caso, anzi!

AAAAH STO SCRIVENDO MALISSIMO! Tutte queste ripetizioni sono fastidiose per me e probabilmente anche per te caro piccolo lettore ma torniamo a noi, devo fare di meglio! Non voglio aggiungere altro qui, sembrano due pagine sprecate ma spero non sia cosi! Nella prossima pagina ti racconterò una storia, spero possa piacerti!

*Sanguinare per amore
è causa dell'amore
stesso o dell'abitudine
nel stare insieme
ad una determinata
persona?*

Sei un gran pezzo di merda!

Stavo litigando con una ex, una bella ragazza con la quale sono stato dopo la bellissima relazione fatta di alti e bassi avuta con la Denise, la ex delle ex, quella dei quattro anni circa in poche parole! Non sapevi il suo nome fino ad ora e ho voluto aggiungere anche questo ai tasselli del puzzle così da farti capire meglio. A lei infastidisce essere chiamata con il suo nome, non le piace ma io da grande stronzo scrivo proprio DENISE! [risata]

Torniamo a noi però, stavo litigando al telefono con Francesca, sono stato con lei qualche mese e poi l'ho mandata a farsi fottere per svariati motivi, i litigi sono uno tra questi!

"Ehi brutto figlio di puttana!"

"Dimmi cara, cosa succede?"

"Perché mi hai lasciato, perché?!"

"Perché..." accesi una sigaretta, "Perché sei una troia!"

"Una troia?" disse stupita.

"Sì proprio così, una fottutissima troia del cazzo, lo so con chi sei stata quando stavamo insieme e hai il coraggio di chiamarmi, incazzarti con me al telefono e chiedermi le motivazione del perché ti ho mandata a farti fottere?! Bel coraggio, hai fegato piccola, mi piaci!"

"Come fai a saperlo? Ti piaccio? Ma hai bevuto come tuo solito?"

"Lo so e basta, non preoccuparti e sì mi piaci piccola, una ripassatina ti servirebbe, quando vuoi sai dove trovarmi!"

"Sei un gran pezzo di merda, che bastardo!" staccò.
Nemmeno cinque minuti dopo e sai cosa? Richiamò,
prevedibile! Almeno ho avuto il tempo di fumare una
sigaretta senza sentire le sue urla da pazza psicopatica alla
ricerca di vendetta come fossi io il colpevole.
"Che c'è ora?" le dissi.
"Scusami se ho staccato."
"Non preoccuparti, scusata!"
"Scusami se ti ho tradito."
"Tranquilla, scusata! Funziona così no? Le persone
vanno e vengono, amano e odiano, scappano e tornano
e si scusano per essere scappate ma poi scappano ancora.
Ormai sono abituato, nemmeno ti amavo perciò
tranquilla."
"Sei un bastardo, vaffanculo pezzo di merda!!"
"Sarò un bastardo ma a differenza tua non sono stato a
scopare un'altra mentre stavo con te, mi bastavi tu ma
forse il mio uccello non era abbastanza no? Nemmeno le
volte quando ti portavo a cena fuori e ti regalavo l'erba,
compravo vestiti e qualche collana del cazzo no? Non ti
amavo ed è vero ma ho fatto di tutto per non farti
mancare niente e tu sei andata dal primo incallito di
passere a farti infilare l'uccello in quella bella figa liscia
che ti ritrovi."
"Hai ragione, scusami.."
"Io sulla ragione sbatto le palle e bevo birre su birre e
fumo sigarette su sigarette perché ne faccio a meno
piccola. Sei maledettamente bella ma resti una
grandissima troia e io non voglio starci insieme con loro

ma solo scoparle! Ti facevo più seria bella puttanella ma va bene così, sono abituato ripeto."

"Puoi evitare di chiamarmi troia per favore?"

"Tu puoi evitare di chiamarmi?" e staccò. E bloccai il suo numero per non ricevere altre chiamate. Non volevo continuare a discutere con lei perché bene o male, per una volta o due, avevo io il coltello dalla parte del manico ma questo non mi dava nessuna soddisfazioni, lasciai perdere.

*Dentro ogni persona
c'è un lato malvagio
e se ti viene dato
il permesso di vederlo
vieni fottuto tre quarti
delle volte.*

Martina, 16 – Centocelle, Roma : Pagina di diario

Ciao caro diario

Sono stanca, dannatamente stanca. Non sopporto più nessuno: nemmeno me stessa. Questo posto di merda (Centocelle, Roma) è il peggio inferno. Ubriaconi, sporcaccioni bastardi, scippatori, drogati con le siringhe ficcate nelle loro vene del cazzo. Poi ci siamo io e le mie poche amiche ma buone. Ribelli. Incazzate. Vogliamo spaccare il mondo. Ballare. Essere libere. Svagarci. Stare bene. Non è possibile niente di tutto ciò qui. Gira gente merdosa per le vie, devi stare attenta ad ogni movimento strano perché potresti ritrovarti senza borsa ma ancora peggio: con qualche organo fottuto da una coltellata. E quei pochi ragazzi o uomini seri finiscono con il dirti "Vai via da qui, dai retta a me!" come se io e le mie amiche, sedici anni a testa, potessimo andare da qualche parte. Dove?! E i nostri genitori fanno abbastanza schifo. Bevono e si drogano, lavorano qua e là e poi vengono cacciati via a calci in culo dopo due settimane se tutto va bene. Come sopravviviamo? Non lo so nemmeno io. Loro se ne fottono di noi, siamo amiche per questo: abbiamo in comune tanta merda spalata e gettata sulle nostre vite. Ora vado nella vasca, un bagno caldo potrebbe farmi bene e una sigaretta anche! La vita è bella sì, pure bastarda e infame!
Ciao caro diario, almeno posso sfogarmi qui.

Marco, 18 – Firenze: pagina di diario

Ciao caro diario

Oggi che scopata mi sono fatto, paurosa. Una figa fiorentina dal fisico niente male, belle tette, bel culo, forme in evidenza. Una di quelle cagne che hanno la perenne voglia di uccello, niente di nuovo direi. L'ho incontrata in discoteca e così le ho offerto da bere, bevuti vari drink siamo andati da me in macchina e durante il tragitto, durato quindici minuti circa, continuava a dirmi "Ho voglia di prenderlo in bocca" e accese una sigaretta, "scopiamo vero?" disse, "certo piccola" dissi io.
CHE SCOPATA! Dovevi vedere come si dimenava con quelle mani e sapeva maneggiarlo da dio, come cavalcava nemmeno lo dico, da paura. CHE SCOPATA!
La mattina dopo andammo in un bar a fare colazione e poi ognuno per le sue strade, come piace a me. Senza compromessi, responsabilità e queste stronzate qui che alla mia età preferisco evitare per quanto riguarda le ragazze, non è di mio interesse avere una relazione perché si vengono a creare determinati casini di cui non ho bisogno ora come ora. Voglio soltanto divertirmi con chi vuole divertirsi come me.
Caro diario CHE SCOPATA! Vado a fumare una siga, ci sentiamo chissà quando che tanto sto parlando con me stesso e basta ma è troppo bello immaginarti una persona alla quale raccontare questi avvenimenti meravigliosi!

Reparto sogni illusori

Ciao piccolo lettore, come procede la lettura del libro? Spero sia abbastanza scorrevole anche se in parte sono scettico di ciò visto il mio essere caotico nello scrivere.

Le due pagine precedenti hanno poco a che vedere con me, mi sono state raccontate quelle "storie" e ho deciso di ficcarle nel libro perché mi andava. Le persone da cui ho sentito dire quelle cose lì sono reali. Ho preferito sfruttare la tecnica del diario e usare la prima persona per rendere meglio lo stato d'animo di quei due che hanno qualcosa in comune: il voler divertirsi ma in maniera differente.

Volevo chiacchierare con te dei miei sogni di questi dannati ventidue anni, sogni illusori effettivamente e capirai il perché proprio ora.

Vorrei spaccare di brutto con questo libro, lo ammetto e dirti il contrario sarebbe mentirti e siccome ti ho a cuore non è mia intenzione farlo. Vorrei spaccare davvero tanto. E non intendo diventare un riccone perché con i libri è più probabile morire di fame che sopravvivere, figuriamoci vivere! Sotto sotto spero di portare a casa qualche gruzzoletto però, niente di troppo esagerato. Forse voglio diventare un riccone. Fare mezzo milione, un milione o anche di più. Sì con i libri, hai letto bene. È un bellissimo sogno ma ripeto quanto detto: con i libri è più probabile morire di fame. Nessun problema, morirò di fame scrivendo perché non ho mai iniziato a scrivere per soldi o cose materiali ma per pura necessità perché farlo mi aiutava ad andare avanti, a stento ma pur sempre avanti! Meglio di nulla no?

Insomma hai capito, vorrei spaccare ma come già detto pagine addietro, tanto addietro, farò ridere i polli e pure te con questi sogni del cazzo, lasciami sognare però! Nel caso andasse male ci berrò su e fumerò qualche sigaretta ma rimaniamo calmi perché l'ho detto: continuerò a scrivere. Ad annoiarti magari. A essere la tua droga forse. Dipende da come prendi la mia scrittura che non è bella esteticamente parlando ma forse a livello di sentimenti, emozioni, consigli, avvenimenti vissuti e stati d'animo può valere qualcosa, ne sono certo. Vedremo, vedremo piccolo lettore! Probabilmente in questo momento che stai leggendo sono ancora un poveraccio, niente di nuovo, solita merda in poche parole.

Un altro sogno è quello di far girare una bella rivista o una specie di format nel quale tratto svariati argomenti adolescenziali, forse questo è più fattibile da realizzare anche se come sempre ci vuole dedizione, passione e un pizzico di fortuna, quella serve sempre!

Non dico di averne passate di cotte e di crude ma siamo lì e dispendere consigli o trattare un argomento adolescenziale mi piace molto ma mai quanto ascoltare i miei coetanei o ragazzi/e più piccoli/e di me parlare dei propri casini. Sono affascinato dai problemi, dal caos e altro! Siamo tutti problematici e caotici, chi nega mente sempre. Anche i ricconi hanno problemi, sono caotici e probabilmente anche ingestibili. Nessuno escluso.

Una rivista sì, dove parlo di chi parla di sé, dove consiglio una soluzione o una resa se soluzione non c'è. Sì, una rivista settimanale, meraviglioso. Ecco come sfrutterò i soldi dei libri casomai ne racimolassi un po' che non siano due spicci in croce, cosa più probabile.

Un sogno che spero sia fattibile più di tutti dopo il spaccare con i libri, perché senza realizzare quello non realizzerei questo, è il seguente: far stare bene la mia famiglia, dio mio la famiglia! Farla vivere come merita, come non ha mai vissuto prima d'ora! Spero di riuscirci in un modo, spero grazie alla mia scrittura ma anche caricare e scaricare sacchi di cemento mi andrebbe bene se servisse a vedere mia mamma e mio fratello essere felici con il sorriso sui loro visi! Mi sentirei realizzato, appagato, infinitamente spensierato. Non è illusorio questo sogno, forse non lo è nessuno dei tre, dipende da me no? Con il sudore e la fatica dicono si possano realizzare i sogni, sarà vero? Probabilmente lo scoprirò, lo scoprirai tu in base a cosa sogni e a quanto sudi per raggiungerlo dando vita alla concretezza di un qualcosa di astratto.

Traggo le conclusioni in base alle mie esperienze, leggimi attentamente. Sogna, non smettere. Le persone continueranno a giudicare i tuoi sogni se verranno reputati stupidi e impossibili ma nessun sogno è stupido né impossibile, chiaro? Tu devi sognare e se magari si riveleranno illusori chi se ne frega, tu sogna e anche in grande se vuoi. È bellissimo farlo! Sogna mio caro piccolo lettore, sogna sempre.

Terza raccolta di frasi brevi e poesie senza titolo

Pensavi sarebbe andata diversamente questa volta eh? Pensavi sarebbe stato il tuo turno di mandare avanti una relazione per qualche anno e invece guardati, col cazzo. Scusami il linguaggio ma scrivo come parlo e credo si sia notato! Tu intanto guardati, stai male anche stavolta! Ancora una volta! Per chi? Per un altro stronzo che ha preferito usarti e abbindolarti con tante di quelle belle parole e tu ne sei rimasta ammaliata perché funziona così, giusto? Le belle parole ti piacciono e spesso ti allontanano dai fatti e dalla realtà, fanculo stupida! Scusami ma questo atteggiamento mi viene spontaneo cara lettrice, ti ho a cuore, voglio tu stia bene e sia felice! Sembro troppo duro? Bene, molto bene. Non starò qui a consolarti come se mi facessi pena ma a spronarti alla mia maniera.
Mi dispiace, credimi. Ti capisco. Comprendo quanto le belle parole ti colpiscano dritto nel cuore ma ascoltami, voglio essere meno duro, per favore non affidarti solo a quelle. Ti prego, fallo per te stessa. Non bastano, non sono abbastanza come non lo sono nemmeno i fatti senza le belle parole. Servono entrambe, un po' di un po' e lo sai bene, hai testa ma anche cuore, forse troppo, probabilmente in abbondanza e questo ti frega più di tutto.
//

Cara lettrice, voglio dispendere un consiglio a te, ti voglio bene e non ho bisogno di sapere chi sei o come sei fatta, se magra o con qualche chilo in più, se piena di smagliature o meno, puoi anche essere brutta per i miei gusti ma ti voglio bene perché io amo l'universo femminile e tu ne fai parte. Ascoltami, anzi leggimi.

Non ti chiedo di fidarti o cose simili, non ti faccio promesse, non siamo dentro una di quelle pubblicità fastidiose dove promettono di farti fare soldi a palate attraverso metodi infallibili perché nessuno ha mai fatto la tanto ricercata grana stando con il culo sul divano e chi è arrivato a farlo è perché prima il culo se l'è fatto e pure tanto. Voglio solamente dirti che meriti di essere felice e te lo auguro con tutto il cuore da bastardo a mia disposizione, anche se una parte è davvero da gigante buono; ti auguro il meglio del meglio perché solo il meglio non basta anche se so quanto a te basterebbe siccome sei felice anche con poco, meravigliosa!

Voglio dirti di dare sempre il massimo nelle cose che fai o che deciderai di fare e soprattutto devi scegliere con la tua testa o con il tuo cuore, non con quello altrui.

Fatti bella, truccati se vuoi, metti un determinato vestito con il quale ti senti stupenda, usa lo smalto che preferisci e se la preferenza è propensa verso la ragazza acqua e sapone, acqua e sapone sia allora! Fatti bella a modo tuo, alla tua maniera, per te stessa prima di tutto e poi per chi ami o per gli altri! Soprattutto sentiti bella, fuori e dentro! Anche tu avrai del marcio in te ma chi non lo ha? Siamo un po' tutti marci nel nostro piccolo ma questo non farà di te una brutta persona, chiaro? C'è marcio e marcio, quello che più fa schifo è l'uccidere, il violentare, picchiare fino a ridurre in fin di vita, trascurare chi sta per morire e cose simili, questo è il marcio dannatamente schifoso e meschino, tu non hai a che vedere con ciò. Fatti bella. Amati. Goditi. Corri. Sentiti libera. Ribellati. Alza la voce e fatti sentire se qualcosa non ti sta bene. Combatti. Per te stessa. Per chi ami. Per la tua felicità e spensieratezza. Spero di essermi spiegato cara lettrice ma soprattutto spero tu abbia capito.

Ti voglio bene piccola, chiunque tu sia. E grazie, grazie mille per aver acquistato il mio libro, spero ne sia valsa la pena ma soprattutto di averti arricchito il cuore.

//

Se la donna è come il diavolo allora spero di essere un buon pasto da sorbire e di avere a disposizione abbastanza sigarette e birre da condividere con questo stupendo diavolo perché in caso contrario non voglio averci a che fare; deve bruciare tanto, avere un gran bel fuoco dentro e vita, voglia di ribellarsi, di essere ingestibile e infinitamente complicata ma sempre con quel pizzico di follia. Se la donna diavolo non ha questo, non voglio averci a che fare ripeto. Assolutamente no.

Le donne veramente angeliche non sono mai state il mio forte ma quelle travestite da angelo con dentro un diavolo impazzito, che dire, quelle profumano di una lasagna fatta in casa, insuperabile. Insuperabili quelle donne!

(La lasagna fatta in casa potevo risparmiarmela lo so, la tentazione è stata troppa però [risata]).
Donna diavolo dove sei? Cos'aspetti a prendermi? Ho tanto di quel fuoco dentro che possiamo farci la guerra o stare a parlarne per ore, tra birre e sigarette ovviamente. Dove sei? Prendimi pure.
AAAH CHE BELLE LE DONNE DIAVOLO!

//

Sarà che sono malinconico, ansioso, a volte impaziente, stronzo e bastardo ma quando si tratta di spronare aspetta di ritrovarti cazzotti morali a non finire.
Torniamo ai sogni. Tu ne hai uno sicuramente. Uno ce ne sta. E tu lo devi portare a termine chiaro?! Porca puttana se devi! E non dirmi di stare calmo perché no, non conosco la calma quando di mezzo ci sono i sogni e magari qualcuno come te che si fa mettere le palle in bocca dal primo stronzo che ripete "ma dove vuoi andare?" no no, io non ci sto a questo pappagallo come fosse un disco rotto a ripetizione con quella frase del cazzo. Scusami il linguaggio, è uno dei miei preferiti in questi casi. Chiamala volgarità, non importa.
Porta a termine il sogno anche a costo di andare contro il mondo intero. Porta avanti il tuo ideale e dimostra a chi non crede in te dove volevi andare e dove sei riuscito ad arrivare dando il 110% delle tue capacità, della tua voglia di rendere concreto quel sogno aleggiante nei tuoi pensieri. Va bene?! Forza, combatti! Non ti arrendere!

Non provarci nemmeno ok? Io non lo accetto e non devi accettarlo nemmeno tu. Non puoi. Magari fallirai ma non importa, devi dare il massimo per non aver nessun rimpianto o rimorso nel caso andasse male. Devi dimostrare a te stesso di che pasta sei fatto e poi agli stronzi che se ne stanno lì a giudicare ogni giorno della loro vita!!

Ho parlato abbastanza a lungo dei sogni in svariate pagine e penso possa bastare così, spero mi darai retta a riguardo!

//

La mia scrittura è alquanto semplice, per scelta. Voglio specificarlo prima che si pensi io non sappia scrivere in un determinato modo, è solo che quel modo non è di mio interesse perché il mio stile è semplice come piace a me, schietto e diretto senza troppi giri di parole.

Sulla mia scrittura puoi pisciare sopra e odiarla o amarla e sentirla un po' tua. Non ci sono vie di mezzo. E se la ami sono felice, se la odi lo sono ugualmente.

Il primo a reputarla fallimentare sono proprio io ma questo perché è ciò che voglio. Fallimentare ma potente. Sulla potenza potete dirmi tutto ma non che scarseggi, questo non lo accetto ma va bene, mando giù tutto senza troppi problemi perché sono qui per scrivere, qualcuno vorrebbe fermarmi? FATTI SOTTO STRONZETTO!

//

Brucia il fuoco sulla pelle
e questo fa male
e sento di impazzire
e stessi impazzendo
resteresti ugualmente?

//

Sono un ragazzo
cosa pretendi da me?
Ho solo arroganza
e problemi infiniti
e tanto amore
e voglia di bere
e fumare
e stare bene.

//

Questo umore altalenante
m'appartiene e devo conviverci
anche se vorrei tanto
ucciderlo per comprarne
uno nuovo in equilibrio.
//

Ho il cuore scarico
e non trovo più
il caricatore: te.

//

A chi pensi nel bel mezzo
della notte quando il sonno
preferisce abbandonarti?

//

Il marcio è ovunque.
Aumenta ora dopo ora.
Giorno dopo giorno.
Siamo tutti marci dentro.
Non c'è solo il bello.
No non c'è solo quello.

//

Pensati felice.
Sii felice.
Più che puoi.
Non torturarti.
Non tormentarti sempre.
Sii felice. Felice. Un po'.
Almeno un po'.
//

A volte siamo tristi dentro
e vogliamo darla a bere
a chi è triste come noi
e lui vuole darla a bere a noi
e vogliamo tutti solo stare bene
e un po' tutti fingiamo
di non aver mai avuto problemi
quando invece siamo stati immersi
in un mare di merda
proprio dai problemi stessi
e dai nostri complessi.

//

Troppi pensieri a giocare
con la mente.

//

L'amerei io la tua donna
che tu sai solo
farla stare male
come fosse difettosa
e senza pregi.
Errore.
Grande errore.
//

Ho bisogno di una birra
o di un alcolico potente
a farmi dimenticare te.

//

Le parole sono come armi
taglienti con le quali
uccidere o uccidersi.
Le parole sono come droga
e creano dipendenza.
Le parole sono pesanti
come macigni
e leggere come nuvole.
Le parole sono vita
e metterle su carta
è paradiso e inferno
ed è tutto così bello.

//

La gelosia dissolve l'amore.

//

Quelli che si amano
e non lo sanno
che fine fanno?
//

Mi sono svegliato male

Questa mattina mi sono svegliato male, con i cosiddetti zebedei girati, per non dire peggio. Manteniamo la calma. Un gallo ha iniziato a canticchiare alle cinque di mattina, brutto bastardo. Padroni a portare fuori il cane, abbaiavano in una maniera incredibile, i cani intendo. Uccellini cinguettanti. Che merda! Comprendi sì? Come quando senti svariati rumori e dal nulla ti svegli. Fanculo. Io volevo solo dormire, avevo la sveglia alle sette e trenta. Ai galli sembro un gallo che ha voglia di svegliarsi sempre alle cinque? A quanto pare sì. Forse è meglio preparare il caffè, intanto ti racconto ancora un po'.

Il telefono oltretutto era scarico perché giustamente sono crollato senza metterlo in carica e con il display acceso mentre guardavo un film e questo era arrivato alla fine senza aspettarmi, davvero?

Per non parlare delle cuffiette, quelle erano intorno al mio collo pronte a strangolarmi, le avevo dato vita girandomi e rigirandomi durante il sonno, magari volevano solo ribellarsi nonostante io le tenga con cura dopo averne "uccise" chissà quante.

Svegliato dagli animali, film arrivato al termine senza me, cuffiette strangolatrici, che risveglio meraviglioso! Amo il mondo intero! Ironia. Si fottano tutti.

Adesso vado a prendere il caffè e incenerire i polmoni con due sigarette, devo riprendermi.

Non ho un titolo

Non ho un titolo, sono serio. Non ne ho nemmeno mezzo siccome voglio parlarti un po' di tutto e un po' di niente. Iniziamo in maniera tragica se ti sei legato a questo libro: il viaggio sta per giungere al termine.

Se ti sei annoiato nemmeno sarai andato oltre le prime dieci pagine, sarebbe comprensibile.

Rendiamo meno amaro tutto questo: è il primo libro, l'inizio. Se vuoi leggere alcune mie frasi al difuori dei libri in versione cartacea ti consiglio di andare sulla mia pagina dell'applicazione di Instagram e cercare: frasidiunragazzo proprio così come te l'ho appena scritto. Lì troverai qualche altra stronzata pubblicata di mio pugno.

Potrai anche condividere delle foto con delle frasi di questo libro, magari quelle che ti sono piaciute di più o dove sei riuscito a rispecchiarti! Le vedrò e le pubblicherò a mia volta sulla pagina!

Chiusa questa parentesi passiamo al resto.

Sto fumando una sigaretta e pensavo tra me e me a quanto l'amore fosse bello nonostante i suoi alti e bassi, probabilmente sono anche loro a contribuire alla sua bellezza! È da un po' che non m'innamoro come si deve, praticamente da quando la fatidica ex dei quattro anni m'ha mandato a farmi fottere, male non ha fatto! Spero sia felice quella piccola puttana, le auguro il meglio!

Dicevo che non m'innamoro dall'era paleozoica e un po' scoccia, un po' troppo. E va bene il divertimento con le ragazze che è sempre bello, appaga il giusto da stare bene ed essere spensierato ma vogliamo mettere il divertirsi con una sola ragazza che ami? Secondo me non c'è paragone. Magari dico questo a causa del crollo emotivo attuale. Forse domani dirò il contrario. Non lo so. Ho le emozioni come le montagne russe, vanno su, giù, poi a destra e dopo a sinistra, un casino assurdo.

Ora però sento il bisogno d'amare e d'essere amato.

L'amore sarà anche bello ma quello a renderlo spesso brutto sono io attraverso l'incostanza. Maledetto me! Dovrei cambiare no? Migliorare perlomeno. Essere costante, equilibrato, in linea con tutto. Sì dovrei ma amo fare schifo, sembra un paradosso, sembra una di quelle assurdità delle quali non ti capaciti mai. Eppure è così, amo fare schifo. Ribellarmi. Odiare molte cose o persone. Fare scelte sbagliate senza disperdere il gusto di esse. Scopare. Bere. Fumare. Fare follie. Amo tutto questo perché è ciò che sono ma a volte crollo e sento la necessità di vivere un amore come quello vissuto con la mia ex.

TUTTA COLPA DI QUESTI CROLLI EMOTIVI!
COSA STRACAZZO VOLETE DA ME?
IO VOLEVO SOLO STARE BENE SENZA
FARMI QUESTE SEGHE MENTALI
O PARANOIE CHE SIANO AAAAAH!

Devo berci una birra, facciamo due, una non basterebbe mai.

Ora mi rilasso, giuro che lo faccio. Mi sbronzo poi crollo in un sonno profondo, domani starò meglio.

Lettera mai inviata – 2018

Pacchetti di Winston circondano la mia stanza insieme ai vestiti buttati qua e là. Sono arrabbiato. Tanto. Non riesco a dormire e intanto sono le quattro e l'alba sta per arrivare. E intanto ti penso. Vorrei dirti quanto mi manchi ma non servirebbe. Sei felice con un altro ragazzo e io invece non riesco ad esserlo con nessuna, strana la vita eh? A cosa serve divertirmi se nella testa ho te? Dimmi a cosa! A svuotarmi? A farmi male? A cercare una ragazza con la quale stare bene? Ma come posso star bene con un'altra se non ho rimosso te? Dimmi come!
Fanculo a tutto e tutti! Sono nervoso. Vorrei correre per andare sotto casa tua, sì a quest'ora. Vorrei chiamarti. Scriverti. Cercarti. Parlarti. Dirti tante cose. Tante che non ho mai detto. Tante che ho sempre ripetuto a me stesso senza ripeterle a te. Tante, troppe.
A me mancano le nostre scopate, le cene fuori, le birre, i dopo sbronza, le sigarette fumate in cucina da te, in camera da me, sul balcone, le litigate, le uscite, il mare, il cinema. All'apparenza stronzate alle quali poi dai la giusta importanza quando non puoi più farle e condividerle con una determinata persona.
I crolli notturni: adolescenza da ventenne. Bello no? Basta un niente per essere in paradiso e ancora meno di un niente per scendere all'inferno. Adrenalina allo stato puro. Chissà se gli adulti la provano ancora questa sensazione, spero di sì perché mi darebbe alquanto il

voltastomaco non provare le emozioni dei venti anni. Spero di non diventare come quei quarantenni senza vita e pieni solo del vuoto colmato attraverso azioni, comportamenti o chissà cos'altro ancor più utile non a colmare veramente ma ad aumentare i loro vuoti.

Avevamo dei progetti io e te, uno tra i tanti: ribellarci.

E sei finita per ribellarti tu, contro me. Avrò sbagliato io no? Colpa mia vero? Tanto lo sappiamo: sbaglio sempre. E sai cosa ti dico? Ieri ho fatto una di quelle scopate assurde e sono stato da dio e stanotte sono qui a scriverti una lettera che mai invierò. Come sempre qualcosa mi attira a te in un modo o nell'altro, dai fanculo.

Ti prometto che diventerò un gran figlio di puttana ma non te ne farò una colpa perché sai quanto sono buono con te. Mi divertirò con tante ragazze e darò loro il mio massimo per poi andare via dopo poche settimane e passerò da bastardo senza cuore, pezzo di merda e altro. E me ne fotterò. Avrò bisogno di anni per rigenerarmi, per tornare ad amare come si deve. Magari un anno basterà, magari ne serviranno due, non lo so.

Adesso provo a dormire che le birre m'hanno fottuto il cervello e le sigarette incenerito i polmoni.

Non è l'amore a rovinare tutto, le persone sì. Notte.

Ultima raccolta di frasi brevi e poesie senza titolo

Lei rimaneva sempre. Le avevano insegnato che solo i codardi scappano nei momenti più duri. E per codardi intendevano coloro che se ne vanno appena vedono che tutto va male, senza nemmeno combattere. Lei combatteva invece. Dava il meglio di sé. Rimaneva anche quando la allontanavano. Rimaneva e basta. Si faceva male tutte le volte perché scappare è sì da codardi ma farlo dopo aver combattuto più e più volte no. Non scappava. Si consumava. Si dilaniava. Si sprecava per un altro ragazzo perché pensava ne sarebbe valsa la pena ma nei suoi casi non funzionava mai così e finiva per rimetterci lei. Poi si stancava e andava via quando ormai era consumata del tutto. E non smetteva di consumarsi nemmeno dopo perché le sigarette fumate diventavano davvero esagerate per un corpo come il suo: piccolo e fragile.
E andava a ballare con le amiche e beveva ma non per divertirsi: per dimenticare. Non dimenticava nulla. Stava male il doppio. Aveva bisogno di tempo, solo questo. E ogni volta dopo un po' tornava a stare bene e la solita routine ripartiva da lì: lei rimaneva sempre.
//

Sembrava star male sempre anche se all'apparenza i sorrisi non mancavano mai. Non voleva mostrare le debolezze né il dolore tenuto dentro sé. Preferiva sorridere o bere e divertirsi il più possibile.

Preferiva non dare peso ai pensieri nella testa anche se perlopiù si ritrovava a fare a botte con quest'ultimi quando la notte stava sul letto sola e il sonno chissà dove andava, chi lo sa. Preferiva nascondere e nascondersi per poi sbottare e buttare fuori tutto di colpo, tutto insieme. Perché si ha sempre il bisogno di eliminare parte del dolore nascosto con cura se si vuole avere spazio per assorbirne altro. Perché quel cassetto nel quale teniamo un po' tutto prima o poi diventa pieno e non si chiude più ed escono fuori abbastanza cose da lì dentro.

Sembrava felice ma della felicità nemmeno l'ombra, nemmeno con il binocolo la vedeva e se le chiedevi se fosse felice non sapeva cosa dire, il silenzio più totale.

Così com'è sempre stata lei: in silenzio, spesso, sempre.

//

Hai promesso a te stessa di essere più dura, stronza, menefreghista ed impassibile ma niente da fare, non è cosa per te che ti affezioni e metti in gioco il cuore, l'amore, i sentimenti e le emozioni. Non è cosa per te che tu non sai fare la stronza, solo all'apparenza mentre dentro brucia tutto perché sei fatta così: bruci un po' di tutto e niente, sei buona con gli altri ma mai con te.

//

In questo gioco chiamato vita non c'è nessuno su cui puoi contare tranne te stesso. Tienilo sempre a mente se vuoi sopravvivere perché chi si affida agli altri finisce per diventare un buon pasto da essere sbranato.

Le persone possono salvarti ma perlopiù sono propense ad ucciderti per i propri interessi e colpirti con una forza inumana pur di toglierti di mezzo.

Le persone hanno il marcio dentro e se tu non vai bene a quel marcio, sei fottuto. E devi essere sempre pronto a difenderti, a colpire forte, a rimanere in piedi subendo. Devi guardarti le spalle perché colpiscono spesso lì e questi sono gli infami e sai, sono sempre dietro l'angolo e anche chi non sembra esserlo lo è.

//

Mezza siga e una bottiglia di birra sul comodino e tanti pensieri per la testa a rubarmi il sonno come se volessi rimanere sveglio a pensare quando in realtà volevo solo dormire e riposare. Fanculo alla mia mente, la odio profondamente quando fa questi capricci perché si ripercuotono sul corpo e le braccia fanno male e le gambe stanche, avrebbero bisogno di una bella dormita.

Niente da fare però, i pensieri non sono d'accordo e spesso vincono loro, dannazione! Anche stanotte hanno vinto.

//

Mi pensi felice? A tratti sì ma perlopiù no. A dire il vero non sono nemmeno certo dell'esistenza della felicità ma preferisco non pensarci più di tanto, meglio bere e fumare e viaggiare o magari scopare e vivere alla mia maniera tralasciando i giudizi degli altri nei confronti del mio modo di vivere. Forse è questa la felicità no? Non dare peso alla merda assorbita dentro me negli anni, è questa la felicità vero? Sai non lo so. So solo che ho un compito ed è quello di godermi tutto ora perché un dopo non so nemmeno se ci sarà. So solo che voglio scrivere perché è grazie anche alla scrittura se sono ancora su questo pianeta. So che il tempo venduto non puoi ricomprarlo, non puoi averlo indietro e se penso di averlo addirittura regalato potrei buttare fuori la rabbia sotto forma di cazzotti contro il muro per vedere le mie nocche sanguinare e cedere pian piano ma nemmeno questo servirà a riprendermi un determinato tempo buttato nel cesso. Beviamoci su allora. Mettiamo da parte tutto e andiamo avanti. O vai avanti o muori. Non ci sono vie di mezzo. E la scelta è solo tua. Sì magari il passato condiziona molto le tue scelte ma non importa, conta siano tue, tue e basta.
"Forza ragazzo, combatti! Sei ancora vivo, combatti!" continuo a ripetermi, mi sprono e voglio spronare anche te con quella frase. Combatti sempre. Anche quando sei al tappeto e sai che perderai, tu picchia duro. Non fare il codardo. Tira fuori la forza. Mai arrendersi. Nemmeno quando sai di non avere chance. Dai ragazzo! Dai ragazza!
//

Forse sto male per davvero. Voglio togliere il forse. Voglio piccolo lettore tu stia bene a differenza mia. Capisci perché dispendo consigli? Perché cerco di strappare un sorriso agli altri? Capisci perché provo a far ragionare tutti? Non voglio il peggio per te. Non voglio vederti stare male perché purtroppo so come ci si sente e quanto la voglia di vivere, uscire, essere spensierato e sentirti libero si allontanano dalla tua mente.

Io sono folle, in senso positivo e negativo. Non trovo una cura alla pazzia, alla rabbia nella testa che sto cercando di uccidere prima che uccida me. Io sono stanco di vedere mamma consumarsi senza avere una passione, vederla piangere e sentirla urlare "NON CI SONO I SOLDI!" perché effettivamente a fine mese ci arriviamo a stento.

Piccolo caro lettore, fidati di me. Uccidi il male. Fallo a pezzi prima che faccia a brandelli te. Stai accanto alle persone che ami senza trascurarle e senza trascurare te stesso. Il tempo corre veloce più di noi. Non è possibile stare al suo passo. Goditi il presente perché il futuro è fottutamente incerto. Fidati di me. Non commettere i miei errori perché poi te li porterai sempre dietro e dentro. Va bene piccolo lettore?

Omaggio a mia mamma e mio fratello

Ciao mamma, sei bellissima. Trascurata ma infinitamente bella. Rovinata ma meravigliosa. Vorrei vederti essere felice e spensierata perché meriti solo questo e non altre disgrazie che ne hai ricevute fin troppe dalla vita. Ti porterò lontano. Ti porterò dove potrai mostrare il sorriso senza più sentire le lacrime bagnare il viso. Ti porterò ovunque so che sarai libera dalle difficoltà.
Ciao mamma, ti voglio ringraziare. Per tutto. Per ogni sacrificio fatto per me e per mio fratello. Sei sempre stata una donna forte, una guerriera. La mia guerriera. La mia dea. La mia donna alla quale devo la vita. Sei sempre stata presente anche quando gli altri non lo erano. Sempre al mio fianco a toglierti forza per darla a me. Ti sei messa al secondo posto per i figli. Ti sei tolta il pane di bocca per noi. Ti sei tolta i vestiti provati nei negozi per farne comprare di nuovi a noi perché per tutti e tre i soldi non sono mai bastati. Sono serviti sempre per le bollette, gli affitti, il cibo da mettere sotto i denti per sopravvivere in questo mondo dove c'è chi ha troppo e chi troppo poco. CHE DONNA! Spettacolare! Grazie mamma, ripagherò ogni sforzo fatto, ogni "non ne ho bisogno" detto quando vedevi qualcosa di carino in vetrina, quando invece avevi bisogno di qualche trucco per farti ancor più bella. Voglio comprarti il mondo. Darti quella normalità che ti è stata tolta dagli uomini, dalla vita, da chi non ha mai pensato a te ma sempre a se stesso. Ti amo mamma!

Ciao fratellino, non prendere esempio da me chiaro? Io faccio solo casini ed errori su errori, tu non devi. Porta a termine la scuola che sei intelligente e non sprecare l'intelligenza come ho fatto io, non sprecarti mai. Insegui i sogni e realizzali piccolo stronzetto, sai quanto bene ti voglio anche se lo dico raramente. Combatti per i tuoi ideali perché se bruciano dentro te non puoi permetterti di nasconderli a causa dei giudizi altrui. Loro giudicheranno sempre e comunque. Tu vai avanti a testa alta! Non abbassarti mai. MAI! Non chinare la testa, stai su con la schiena. Spavaldo. Devi prendere la fetta che ti spetta perché se tua non puoi permetterti di farla diventare di un altro.

Ciao fratellino, piccola peste. Scusami se spesso sbaglio ma non posso fare altrimenti. Colpa mia, del mio passato. Scusami tanto. Tu fai il bravo che abbiamo accanto una donna immensa e dobbiamo proteggerla come ha protetto noi. Siamo una squadra noi tre. Fortissima. Mai arrendersi, chiaro? Mano nella mano contro chiunque. Non abbiamo nessun'altro tranne noi.

Non dare peso alle parole di chi ti giudica anche se fanno davvero tanto male perché lo so quanto logorano l'umore ma hai me. Hai me. Voglio vederti crescere forte. Voglio vederti avere quello che io non ho avuto. Voglio vedere i tuoi sogni realizzarsi e ce la farai, io credo in te. Sempre. Ti voglio bene piccola peste, non te lo dimenticare mai.

Grazie mamma, grazie per aver messo al mondo questo piccolo stronzetto. Siete la mia unica forza.

Vi porterò lontano. Vi amo.

Siamo al capolinea del viaggio

Ciao piccolo lettore, siamo al capolinea. Finisce qui questo viaggio e spero di averti portato nella mia dimensione. Spero di essere stato abbastanza bravo a trasmettere le emozioni provate riga dopo riga. Non ho scritto benissimo ma questo perché amo scrivere male. Scrivere delle mie scopate. Dei miei stati d'animo che alla fine sono un po' anche i tuoi.

Spero di essere stato capace di farti riflettere su svariati argomenti. Spero tu ora combatta per chi ami. Per i sogni. Per tutto ciò che ti sta a cuore.

È stato un libro caotico, come volevo fosse.

L'unica trama seguita è stata la chiacchierata tra me e te e tra me e me stesso. Ho buttato giù qualche storia autobiografica. Ho buttato giù alcune barriere spogliandomi senza avere paura del pensiero altrui nei miei confronti. Ho fatto del mio meglio nel mio peggio.

Ho usato determinati linguaggi poco consoni ai deboli di cuore. Ho messo amore, passione e dedizione.

Ti consiglio di cercarmi su Instagram come già detto pagine addietro, nella barra di ricerca basta scrivere: frasidiunragazzo così come è stato scritto ora. Lì troverai una marea di frasi mie ed alcune le ho scritte anche in questo libro, se mi segui già, lo sai.

Che dire piccolo lettore, tu sbranerai queste pagine in poco tempo ma a me sembra sia passata un'eternità dalla prima pagina, assurdo no? Un po' come i film che hanno bisogno di tempo per essere girati e poi in due ore si arriva a vederlo tutto. Pochi ci pensano al lavoro dietro un qualcosa dalla durata breve ma tu sei intelligente e sono certo avrai compreso quanto ho lavorato per questo libro ed essendo il primo, spero dei tanti, l'ho scritto alla mia maniera come se parlassi con un mio amico perché vali quanto un'amicizia. Se sono stato in grado di creare una connessione tra me e te allora vali anche più di una semplice amicizia. Non so cosa valgo io per te. Magari sono solo uno scrittore fallimentare e poco più e ti sarai annoiato nel leggere un libro del genere il quale hanno scartato molte persone e case editrici come fosse senza valore, come se fosse merda invenduta e magari non venderà ma per me vale, varrà sempre questo libro. Varrà la mia scrittura, non scriverei sennò no?

Grazie lettore, grazie di aver acquistato questo viaggio.

Ti lascio qui una pagina vuota dove scrivere cosa hai provato nel viaggiare con me riga dopo riga.

Ho scritto per me e per te e sono certo che hai saputo ascoltarmi, leggermi semmai. [risata]

Ciao caro piccolo lettore, ribecchiamoci al prossimo viaggio eh! Ti ho molto a cuore, l'ho detto più e più volte! A presto!